虹

（第9代会長・元文化庁長官）
鈴木 勲の「道徳復権」への挑戦

日本弘道会のさらなる発展のために

平山 一城

はじめに

「日本弘道会」の名前は知らなくても、140年の歴史を誇る組織と聞けば驚くだろう。明治維新から150年だから、その長さがわかろうというものだ。どんな活動をしてきたのか。それは「維新からほぼ10年後」に誕生した、というところにヒントがある。

日本は、欧米諸国によって「開国」を迫られ、不平等条約を結ばされていた。手をこまねいていれば、国の存立も危うくなる。欧米と対等な土俵に立たなければ、条約交渉もうまくいかない。

そう考えた明治の新政府は、積極的な欧化主義によって日本社会を変革する施策を次々に打ち出し、実行していた。

しかしここで、「待てよ」と、立ち止まる人たちがいた。

国の存立を守る。そのことを第一に考えるのはいい。だが、ただ欧米の文化をまねるのでは、「日本人」という存在はどうなってしまうのか。

日本人が日本人らしくある。そのうえで国が発展することを目指すべきだろう。欧米文化に流れれば、この極東の小国は、いずれ飲み込まれてしまう。日本人が、自らの伝統・文化の美質を維持しながら立つことが急務だ。

「国家の品格」を保ち、そのうえで国際社会に生きる道を見つけるのでなければ、国民を幸せにすることもできない。

日本弘道会は、そのような思いの人たちによって創設された。

鈴木勲は、その第9代会長であり、会長在任も30年を超えた。会員になって60年近くになる。

日本が太平洋戦争で苦杯をなめてから70年と少しになるが、その大半を日本弘道会とともに歩んできた。

戦後、日本弘道会の役割は、どう変わったのか。

日本人は、敗戦という初めての経験で自信を喪失し、それまで営々と積み上げていた伝統や文化まで失いかける。「おぞましい軍国主義を生んだ国民」という国内外の批判によって、「戦前」を全否定しなければならない、とする妄想に取りつかれていた。

高名な小説家までもが、「日本語を使うのをやめて、フランス語に」などと言い出す始末だった。

そうした精神構造のねじれを立て直し、「国家の品格」を取り戻す。このことが日本弘道会の新たな使命となった。

教育制度は、連合国軍総司令部（GHQ）の占領政策によって、完全に組み替えられた。それまでの「勤勉で正直、人助けや親孝行……」といった「道徳的な価値（徳目）」を教えることさえ、嫌悪の対象となってしまう。

明治期の過激な欧化主義によるのと同じような混乱は、第二の「道徳の空白」といえるほど深刻だった。

日本弘道会は再び、立ち上がらなければならなかったのである。

本書は、卒寿（90歳）を過ぎてなお、歩みを止めない「鈴木勲」の人生に焦点を当てる。

日本弘道会がそこにある。

そしてもう一つは、文部省官僚として、打ちのめされた戦後教育を国の施策によって改善することに邁進した人の顔である。

文部省での業績は枚挙にいとまがない。最も有名になったのは、初等中等教育局長に就任して間もない歴史教科書問題である。

文部省が検定によって、中国への「侵略」を「進出」に書き換えさせたというマスコミの誤報が中国、韓国の抗議によって外交問題に発展するなかで、鈴木は「検定制度の枠組みを守ることも国益」として信念を貫いた。

その揺るがない姿勢は、当時の記者たちからも一目置かれ、〝ミスター文部省〟の異名をとった。その後、文化庁長官まで勤め上げて辞するときには、国会議員からも惜しむ声が出るほど信望を集めていた。

つまり、日本弘道会でも文部省でもエース的存在だった鈴木は、GHQの圧力によって歪められた日本の教育を、現在の姿にまで回復させてきたキーマンのひとり、といっていいのである。

21世紀に入り、占領時代にできた教育基本法が改正され、長く形骸化していた「道徳」の授業を小中学校の「教科」とすることも決まった。鈴木は戦後ひたすら、こうした方向での改革を訴えつづけてきた。

東日本大震災によって社会や家族の「絆」が見直され、国際的にも注目されるなかで、「隠れていた日本人の美徳」の復活を見たように感じた。そう語る鈴木だが、決して楽観してはいない。

鈴木のように、教育勅語と「修身」によって育った世代が、どんどん少なくなっていく。「戦後民主主義」というモンスターによってかき回された日本人の情緒や道徳、倫理観は、いまその空虚さに気づき、立ち戻ろうとしても、戻るべき場所の記憶は薄れるばかりだ。

「修身科＝悪玉論」と「教育勅語後遺症」が、「愛する国家」のため、「愛する隣人のため」という人間としての基本的な心情を奪い去っていた。

ここで踏ん張らなければならない。まだまだ現役を退くわけにはいかない。そうした思いがたぎるのである。

日本弘道会の創設者、西村茂樹は「皇室の尊崇」と国民の幸福を増進する国民道徳の自覚を主張し、この「道義団体」を通して、個人道徳と社会道徳の必要性を理論と実践の両面から、全国に説いて歩いた。

戦後には、「中興の祖」と呼ばれる野口明がいる。

野口こそは、鈴木が仙台の旧制第二高等学校に入学したときの校長であり、その後あらゆる局面で、教えを受けていた。文部省を選んだのも、日本弘道会に加入するのも、野口の影響による。

会の運営は、こうした先人たちの思いを継承することを柱としている。とくに本書では、仙台から東京へとつづく、鈴木と野口家の人たち、学友・同僚たちとの多彩な交流が、いまは失われた旧制高校の誇りある教育の伝統とともに、たっぷりと語られるはずだ。

いま、日本の若者はインターネットの世界にひたり、本を読まなくなった。自分たちの国の歴史や共同体の「良き伝統」と縁が切れることにも意を介さず、国家や郷土といった観念はますます希薄になる。

代わりに、「日本人のアイデンティティー」という言葉がある。グローバル化と呼ばれる国際社会に対応した人材育成を説く際に、教育現場でよく使われるが、では、「アイデンティティーとは」と問われて、どれだけの日本人が納得のいく自画像を描けるだろうか。

日本人は今、どんな社会を目指そうとしているのだろうか。鈴木は、日本の若い世代が少しでも多く、この会の主張に関心を持ってくれること、一緒に考えてくれることを切望している。

その熱い思いをくみ取りながら、波乱の人生の記録を進めたい。

平成29年7月

平山一城

目次

第2章　文部官僚として信念を貫く

第3章　人生の師・野口明の教え

第4章　道徳復活から「品格ある国家」へ

第1章　皇室への敬愛、国家の根幹

○日本弘道会、「道義国家」目指し140年

昭和58（1983）年、日本弘道会ビル改築の地鎮祭があり、鈴木勲は副会長として会長、西村幸二郎のかたわらに座った。そして、やがて完成する新ビルを拠点に、いかに日本弘道会の発展をはかり、その未来図をどう描いていくべきか、との重い責任感をかみしめていた。

日本弘道会ビルは、地下鉄・九段下駅を降り、歩いて数分のところにある。取り壊される旧ビルは、会祖である西村茂樹の女婿、中條精一郎の設計・建築によって昭和7（1932）年につくられた。

この地上3階、地下1階の古いビルが、アイボリー色のタイル張り8階建てのビルに建て替えられる。52年間親しまれた日本弘道会の拠点の新たな門出に、地鎮祭に列席した鈴木は特別の思いをかみしめた。

ビルの改築は、第8代会長である西村幸二郎の「会の財政基盤を固めるために

も必要」との英断で実現した。実業家でもあった西村は、住友商事という良きパートナーを得てビルの改築に心血を注いだ。

新ビルは昭和60年に完成した。ところが、1月に竣工式があり、3月に落成祝賀式を開いた直後の7月、西村は急逝するのである。

新拠点の建設に精力を傾け、その完成を見届けるかのような死だった。

当時、副会長だった鈴木がすぐさま会長代行となり、翌61（1986）年の通常総会で第9代会長に就任する。この年はくしくも、日本弘道会の創設110周年に当たった。

西村は、新ビルの会長室を温める間もなく亡くなったため、鈴木は、ここで執務する最初の会長となっていた。会長室には会祖、西村茂樹の肖像と「楽天知命」の書額が掲げられた。

またビル1階の玄関脇には、完成した際に「定礎箱」が据えられ、その中に西村茂樹の主著『日本道徳論』や会長、西村幸二郎の所感などが収められている。

「この箱が開かれるのは21世紀のいつになるか知る由もないが、それはいま、西村会長はじめ全役職員、全会員が祈念するように、より道義の栄えた平和な御代の目出たいイベントとなることを心から祈るものである」

『日本弘道会110年史』は、当時の会員らの感慨をそう記した。

そんな会の歴史を担い、重責を果たして25年が過ぎた平成23（2011）年3月11日、東日本大震災が日本を襲うのである。

午後2時46分、この時も鈴木は8階の会長室にいた。金曜日で、近くの如水会館での会議を済ませ、戻ったところだった。

マグニチュード9・0という、それまでだれも経験したことのない揺れが東日本を襲い、東京でも、静まったかと思うとまた揺れ始める不気味さだった。

秘書の女性が会長室に入ると、鈴木はソファに座っており、「すごかったね」と応じた。加湿器が倒れているほかは、目立った被害はないようだったが、エレベーターが動かない。

ふだん地下鉄をつかう鈴木は、帰宅しようと、8階から階段を下りて最寄り駅に向かったが、動いておらず、引き返した。道路は人込みであふれ、救急車のサイレンも鳴り響いていた。近くの九段会館で天井が崩落し、死傷者が出ていたことを後で知ることになる。

被害状況が明らかになるなかで、「これからの日本がどうなるのか」「どうしなければいけないのか」、思いはつのった。

未曽有の大震災に襲われた混乱のなかで、この会長室を任された者として責任の重さを痛感せざるを得なかった。まさに「道義の栄えた平和な御代」を求めて努力してきた日々が走馬灯のように脳裏に浮かぶ。

幸い、日本弘道会ビルは外壁のアイボリー色のタイルが数枚はがれただけで、びくともしなかった。鈴木は86歳になっていたが、まだまだ体力には自信がある。ここでくじけては、日本弘道会の歴史をつないでくれた諸先輩にも申し開きができない。気持ちを引き締めるのだった。

◇3・11国難にみた「日本人の良さ」

このとき日本の各地で、それまで見られなかった現象、それまで隠れていた「日本人の良さ」と言っていい変化が見えてきた。

この非常時に噴出したのだろう。「これこそ、取り戻したいと考えていた日本人の美徳であり、一時的な現象に終わらせたくない」。そう考えたくなるような日本人の変化に気づいたのである。

果たして、どのような変化なのか。鈴木は平成23年の「月刊はるかプラス7月号」（ぎょうせい発行）に、「国難で見えてきた日本人の良さを守り育てる教育を」とする談話を載せた。

震災後、わずか2カ月の時点での談話で鈴木は、「国全体が大きなダメージを受けたが、私はこれを機に日本が何か別のものに変質するというよりは逆に、本来、日本が持っていた良さが現れてきたのだとみています」と語る。

日本の各地から若い人たちが進んでボランティアとして被災地に入り、泥まみれになって復興を後押しする。海外メディアは、被災時の日本人の規律ある行動を驚きと敬意をもって報じている。

献身や犠牲的精神、同胞愛や家族愛といったかつての日本人が美徳としてきたさまざまな行い、日本人の長所が「上衣が剥がれるように」見えてきた。

自衛隊への国民の目も変化していた。国の安全にどれほど重要な意味を持つのか見ないふりをしていた人々が、二次災害の危険があるなか関係機関と連携し、危険な任務に当たる姿をテレビ画像で繰り返し目撃する。復興の先頭に立って、土砂をよけ、道を再建する作業の中にも自衛隊員たちがいるという事実を見て、考えを改めざるを得なかった。

さらに、この非常事態に天皇陛下を中心とする皇室が、国民の生活にとっていかに大きな役割を果たしているかも再認識する。

「今回の震災でも、いち早く国民にメッセージを伝えられ、自主的に計画停電を実施されるなど、国全体を案じ、国民と悩みをともにして、祈りをささげていらっしゃる。被災地に行かれ、ひざをついて、被災者の話に耳を傾け、お言葉をかける姿は、他の国の元首にはないものです」

皇室の方々の励ましがどれほど、復興に向けて再び立ち上がろうとする人たちの支えになっていたか。日本の国が、皇室の存在と、皇室への国民の敬愛の念によって成り立っていることが鮮明になったのである。

人々は、家族の絆の大切さも、改めてかみしめていた。家族を亡くし、深い悲しみに沈む多くの人たちの姿が涙をさそう。

「無縁社会という言葉があります。近くにいる親が死んでいるのも知らなかった、施設に親を入れたまま見舞いにも行かない、といった家族関係の断絶の深刻さが指摘されていました。改めて、家族の絆の大切さを身にしみて理解することで、『絆社会』へ転換する兆しが見えはじめています」

日本ではいつから、「無縁社会」などという言葉が使われるようになっていたのか。自殺者は年間3万人を数え、なかには誰にも気づかれずに亡くなり、身元すら分からないままに無縁墓地に葬られる人たちも少なくない、という。

この現実が、どうしてもっと真剣に受け止められてこなかったのか。

日本人が忘れていたもの、それは「国の根幹に関わる大切な事柄」にほかならない。震災によって、日本という国のあり方や、人と人とのつながりを見つめ直すことが期待された。

◇「戦前」が全否定された後遺症

鈴木は、戦後社会の最大の問題が「道徳の空白」にあると考えてきた。日本弘道会の運動は、その空白を埋める作業であると言ってもいい。

国家は人々が存在するための母体として、倫理的、文化的な共同体でなければならない。ところが戦後は、家族や地域社会の伝統的な絆は失われ、「国家」という言葉さえ使うことがためらわれるようになった。

国家は「市民社会」に、国民は「市民」と言い換える風潮が強まり、なかには無国籍の「地球市民」を名乗る人たちまで現れていた。

国が成立するための倫理的、文化的な規範、それを「道徳」と言うことができる。しかし戦後教育では、その重要性を指摘することすらはばかられた。

日本弘道会の特別会員で武蔵野大学教授の貝塚茂樹は次のように分析する。

戦後の憲法・教育基本法は、米国が主導するGHQによって導入された。その理念が正当化されるうちに、戦前までの道徳教育の教科であった「修身」は廃止され、その中核理念であった「教育勅語」の教えは全否定される。

正義や勇気、親切、正直などといった一般的な「徳目」まで学校で教えることに教員たちが尻込みする。これらの徳目は基本的に普遍性を有しているにもかかわらず、である。

徳目を「教えない」のは、「善く」生きようとする人間が、共同体の中で長い歴史の時間をかけて培われた明快で簡潔な指針を失うことを意味する。せっかく築きあげた生き方の「型」と「方法」とを否定することである。

人間は決して一人では生きられず、あくまで「他者」との関わりの中でしか社会生活を営むことができない。他者とのより良い関係性を結ぶための方法が道徳であり、そこには、「他者」と向き合うために自分自身がいかに生きるのかということも含まれる。

これを「他者」に向き合う「構え」と言い換えることもできるが、人間が大切にすべき徳目とは実は、その「構え」のことなのである。

だから、子供たちの規範意識の低下が問題となるのは、当然のことである。自分にとっての「他者」である家族や地域社会、国家が解体され、共同体の秩序であり、ルールである道徳や規範を守るという意識を持つことができなくなってしまうのだ。

しかも「他者」とは、いま生きている存在だけを指すのではない。国家や文化を築いてくれた先祖や死者も大切な「他者」であり、私たちの生命を育んでくれる自然もかけがえのない「他者」である。いまあるこの命は、連綿と流れる長い歴史を受け継いだ存在にほかならないからである。

だから、歴史や文化を尊重するということは、自分自身の生命の所在を見定めること、自分自身を大切にすることでもある。それだけに「無縁社会」という言葉がいかに不気味なものかがわかる。

鈴木は、戦後社会の問題をそのように考えてきた。そして、こうした状況に追い打ちをかけたのが「グローバリズムの弊害」だった。

近年の日本は、欧米から輸入した個人主義や市場主義、グローバル化の波に翻弄されてきた。アメリカン・スタンダード（米国基準）によって経済の合理性や先端的な技術力ばかりが求められ、日本人の振る舞いや精神、文化、生き方が評価されることはなかった。

○再び訪れた「道徳の空白」を埋める

激しい余震の中で見えたように思う「日本人の良さ」が一時的なものでないことを願ううちに、鈴木は日本弘道会の長い歴史を思わずにはいられなかった。

明治維新による極端な欧化主義によって、日本の文化が乱れ、従来日本人が持っていた道徳や倫理が失われている。それを復活させようと、日本弘道会を創設したのが明治を代表する思想家、西村茂樹である。

それは明治期の「道徳の空白」を埋めるために始められた運動であったが、戦後の日本弘道会の歴史は、敗戦によってもたらされた新たな「道徳の空白」を埋めるために費やされていた。

西村茂樹は文政11（１８２８）年、佐倉の支藩、佐野藩の執政の長男として江戸で生まれた。早くから学問を志し、江戸幕府が倒れるころには儒学、蘭・英学の和漢洋の学問をこなすまでになっていた。

明治６年（１８７３）年、編書課長として文部省に入り、以後、文部省の役人として自ら「小学修身訓」を著わすなど、教育家としても頭角を現す。

加藤弘之の後任として、明治天皇の洋学の侍講を勤めた時期もあり、その広い見識が新たなエネルギーとなって新時代の啓蒙家としての活動につながる。

明治5年に政府は「学制」を発布するが、西村はその内容に批判的だった。

「学問の効用は身を立てる財本となし、地産興業の用を説くばかりで、まったく仁義忠孝のことを説かないばかりか、従来の学問が役に立たないかのように言っているのは大きな間違いである」

やがて学事巡視の役を命ぜられ、地方の教育事情を視察する中で、江戸時代から続いた儒学を中心とした日本の国民道徳がなくなり、「学制」が地方の現実に適応していない事実を知るのである。

現在の高校の教科書では、福沢諭吉の名前は日本史や公民科倫理に必ず登場するものの、西村の方は日本史ではほとんど、福沢らとともに『明六社』（明治6年設立）の一員として名前だけが紹介されているに過ぎない。

しかし、鈴木は「西村と福沢は非常に対照的で、3年後輩の福沢がどちらかというと実学中心の開明派であるのに対し、西村は理想主義的な開明派といわれています。いずれにしても、福沢と対比できるだけの経綸と知識を持った人物でありました」と語る。

学事巡視で、新たな時代の道徳の規準が定まっていないことを実感した西村は、文部省の同僚と相談したが、自分の意見に同調する人が見つからず、明治9（1876）年、独力で今日の日本弘道会の前身となる「東京脩身学社」をつくる。その設立の主旨は、のちに著わす『日本道徳論』に示された。

「せっかく、欧米遣外使節が他国の実情を視察してきたにもかかわらず、『本邦固有の精華を捨てて、百時則を欧米に取らんとするの念を発する者多し』、このようにして『上下の風俗、軽薄、浮華に流れ、智術を尊んで篤業を後にし、法律を以て、道徳に代へんとし、廉潔にして貧賤なる者を侮り、貧冒にして富貴なるものを尊ぶの風となれり』」。鈴木は自著『「日本道徳論」を読む　―西村茂樹の思想と行動―』（日本弘道会発行）で、こう要約した。

欧化主義思想が国内を支配し、従来の徳育の方針と激しく対立するなかで、西村はとくに、「徳育の基礎は皇室において定めるべきであり、明倫院を宮内省に設け、聖旨を奉じて徳育の基礎を論定すべきであると建言した」（文部省『学制100年史』）。

東大名誉教授で日本教育学会会長を務めた海後宗臣（ときおみ）は、自ら特別会員となっていた日本弘道会の会誌『弘道』で次のように書いた。

「教育勅語の問題は明治23（1890）年、急転解決に向かうが、勅語の内容は、道徳の基本は皇室がこれを定めること、その道徳の内容は儒教による忠孝に基づくことなど、西村先生の主唱と同じ方向のものであった。西村先生がその間数年に渡って精力的に活動していたことを思うべきである」

明治20年、東京脩身学社を「日本弘道会」と改称していた西村は、これを機に、教育界ばかりでなく、国民全体の道義心を高めるため、全国各地に出向いて運動を展開するのである。

○「人生の師」の導きで「会長」就任

ここで鈴木勲が日本弘道会の第9代会長に就任した背景を振り返っておこう。日本弘道会ビルの建て替えは、実業界から会長に就任した第8代会長、西村幸二郎の業績である。「停滞しがちな会の勢いを立て直すためには、何をおいても財政基盤の確立が急務」との考えによって進められた。

東京都千代田区西神田3丁目の一等地というビルの有利な立地条件を生かせば、テナント料収入によって潤う。西村は自らの人脈を生かし、ごく短期間で8階建ての新ビルを完成させた。老会長の奮闘ぶりに周囲の人たちは刮目した。

それによって、不安定だった日本弘道会の財政基盤がかたまり、昭和61

（1986）年の創立110周年を迎える新拠点となる。

西村はビルの完成を見届け、昭和60年、90歳で亡くなった。この年の3月、鈴木は文化庁長官を最後に文部省を定年退職し、国立教育研究所の所長に転じていた。

西村の急死で、日本弘道会のトップが交代する。90歳から60歳へ、一世代も若い鈴木への引き継ぎがなぜ、スムーズに実現したのか。そこには西村の前の第7代会長、野口明の存在があった。

野口明は鈴木にとって、まさに「特別な存在」と言っていい。

仙台の旧制第二高等学校に入学し、校長だった野口の薫陶を受ける。その後、野口は東京で、お茶の水女子大の初代学長になる。東京大学法学部に進学した鈴木は、野口との家族ぐるみの交わりを通じて、さらに教えを受ける。

鈴木勲の人柄や能力を、野口は買っていた。

昭和54（1979）年、84歳で亡くなった野口は、鈴木をいずれは会長にと決めていた。そのことを鈴木本人に伝え、周囲の人たちも「暗黙の遺言」として了解していた。

西村も、そうである。日本弘道会の創設者、西村茂樹の4男の養子であり、茂樹にとって「養孫」にあたる西村は、文部省の現役であった鈴木が会長に就けるようになるまでのショート・リリーフ（つなぎ役）と考えていたかもしれない。

西村の死去のあと、鈴木が即座に会長代行となり、翌年の総会で満場一致で会長に推挙された背景には、そうした人間関係がある。

鈴木にとって「人生の師」ともいえる野口は、戦後、再出発した日本弘道会にとっても、なくてはならない存在となっていた。

野口は昭和24（1949）年、お茶の水女子大学長の当時、日本弘道会の理事に招かれる。29年に学長を辞してからは、会誌『弘道』が企画する座談会への参加、地方の支会（支部組織）が開催する講演会にすすんで講師として出向いた。

理事職から副会長職へと、会の運営に無報酬で献身した。

昭和46年、第6代会長の酒井忠正が死去すると、会長に推される。その後の働きぶりは、「真に会を愛し、道義の実践に徹した事例を身を以て示す」（『110

年史』）ものである。

数々の功績の中でも、特筆すべきは弘道会の「要領」改正である。当時の日本は、米国との経済摩擦や石油ショックなどによって、高度成長の終わりを迎えていた。会の運営にも影響は及び、会員の年会費の値上げ、会誌発行の隔月への切り替えなど予算緊縮を余儀なくされた。

１００周年となった昭和51年、野口は「厳しい環境にあっても１００年記念の式典は盛大に」と周囲を鼓舞し、あわせて、従来の会のイメージを一新することに心血を注いだのである。

◇野口明による「綱領」改訂

「要領」は、西村茂樹が明治23（１８９０）年、日本弘道会が主張する「国民の守るべき徳目」を成文化したものである。まず「個人道徳」に当たる要領をつくり、10年後に「社会道徳」を中心とする定めをまとめ、それぞれ甲号、乙号と呼んでいる。

野口は、この「要領」の呼び名を「綱領」と改めた。日本弘道会として、創設100年を機に、再結束を図る意図がにじみ出ている。ここに、野口によって改訂された甲号（個人道徳）の10カ条全文を書き出してみよう。

・皇室を敬愛すること、国法を守ること
・信教は自由なること、迷信は排除すること
・思考を合理的にすること、情操を美しくすること
・学問を勉めること、職務を励むこと
・教養を豊かにすること、見識を養うこと
・財物を貪らないこと、金銭に清廉なること
・家庭の訓育を重んずること、近親相親しむこと
・一善一徳を積むこと、非理非行に屈しないこと
・健康に留意すること、天寿を期すること
・信義を以て交わること、誠を以て身を貫くこと

条文改訂に共同で当たった西村幸二郎（当時・監事）は追想する。

「（野口会長は）道義退廃の甚だしい昨今の世相を嘆き、あくまで教育、道義を第一義とすべきであると叫びながらも、……ややもすれば空疎に陥り易い、良いことづくめの抽象的な徳目だけの羅列は避け、そのときの時点に於いて最も肝要と認められる項目を重点的に取りあげる方針を厳然として一貫された」

とくに注目すべきは第１条の表現、と西村は言う。

改訂前には「皇室を尊ぶこと」とあった。その文言を「敬愛すること」と改めた。この際、戦後の新憲法によって国民統合の象徴として「象徴天皇」の語が明記されたことから、西村を含めた役員たちの一部から新綱領にも採用すべきであるとの意見があったが、野口は採用しなかった。

そうすることは「一般庶民にはややもすれば解りにくく、大衆にはなじまないとして最後まで肯じられなかった」という。

「皇室を尊ぶ」ということばを「敬愛する」という表現に変える。これは「ことさらに、現代の若い人々の心を刺激するような語を避け、細心緻密な神経を使った結果」であるという。

しかし、そうした配慮をした野口はなぜ、「象徴天皇」という表現を盛り込むことに同意しなかったのか。「庶民に解りにくく、大衆にはなじまない」とはどういうことなのだろうか。

その答えになると思われるヒントを、日本弘道会発行『野口明文集』の「日本の皇室」（昭和42年）という文章に見ることができる。

「前の憲法（明治憲法）に比べると、皇室の法的の性格は一変したが、実質的の性格はさして変わらない。……天皇は主権者の名は失ったが、国家および皇室にとっては、皇室が国民の中心的存在である実質の方が意義が深い」

「日本古来の文化の保存育成は勿論のこと、外来文化の摂取同化、以て日本の文化の発達に貢献した皇室であった。……その皇室を尊重し、親しみを覚えるのは我々国民の至情である。憲法は一定の手続きを経れば改正ができるから、将来に於いては、象徴の二字を除いて、天皇の名を憲法から除くこともできる。であるから憲法は永久に不変だとして安心することはできない。一番たよりになるものは、憲法では無くして国民感情である。過去に於いて皇室を守ったのは国民性であった如く、将来に於いても皇室を守るものは国民性である」

野口は旧制二高から東京帝大を経て、文部省に入った。そこまでは鈴木と同じコースだが、大正末から昭和初め、宮内大臣の秘書官や侍従を務めた。

「日本に大和朝廷ができて以来二千年、その間当初の皇室が続いたことは、厳然とした歴史的事実であって、世界史上まことに珍しい事例である」

「日本の皇室」という文章には、そうした野口の皇室に対する考え方が示された。日本国民は皇室を尊重し、守り抜いてきた。憲法がどう変わろうと、その国民感情は永遠に続く。だから日本弘道会の綱領にも、「象徴」という表現をことさら入れる必要はない、と判断したのではないだろうか。

野口は、皇室を戴く日本社会のあるべき姿を次のように語っていた。

「個人としてできることは、まず家族を大事にすること。親を大切にし、兄弟と仲良くする。近隣の人たちとの和を大切にして、何かあればボランティアとなって社会のために尽くす。この『人のため』にする連鎖が、やがて社会のため、国のためとつながっていく」

「さらに、こうした横のつながりとともに、縦のつながりにも感謝と畏敬の念をもたなければならない。親、祖父母、祖先と連綿とつながる大きな流れのなかに自分という存在があることを自覚し、感謝する。そうすることで初めて歴史を身近に感じ、伝統や文化を尊重する気持ちが芽生えてくる」

自分という存在を支える「横」の糸と「縦」の糸を大切にすることを通して、国を愛し、郷土を愛するという日本人のあり方が立ち現れてくる。

日本の「国の根幹」には皇室がある。鈴木が震災後に見た「日本人が堅持すべき美徳」は、この認識によってこそ生まれるのである。

○「日本人の背骨」を取り戻す覚悟

鈴木勲は、父母の出身地である岩手県気仙郡世田米町（現・住田町）に生まれた。ところが生後すぐに、父親を結核で失う。製糸工場で働いていた父親は、まだ20代後半の若さだった。

しばらく、母親の実家で暮らしたが、母が樺太（サハリン）にいた父親の弟と再婚することになり、小学2年生のときに樺太に渡った。

やがて、樺太に3つしかなかった官立旧制中学校のひとつ、大泊中学を受験して合格する。クラストップの成績をみての担任の薦めだった。

現在、コルサコフと呼ばれている大泊の中学は名門校に数えられ、中央で活躍する人材を多数輩出したことでも知られる。

樺太は明治38（１９０５）年、日本が日露戦争に勝つまで、ロシアの領土だった。ポーツマス条約によって北緯50度線より南の割譲を受け、その後40年間、南樺太は日本の領土として、近代化が進められた。

入植事業が展開され、最盛期には約70万人の日本人が居住していた。

宮沢賢治や北原白秋といった詩人たちも、この地を訪れている。賢治の代表作の一つ『銀河鉄道の夜』は、樺太の果てしなく続く鉄路から想を得たものともいわれ、鉄道省主催の樺太への船旅に参加した白秋は『フレップ・トリップ』という紀行作品を残している。

鈴木の父の弟たちは、この地に入植し、土地の開墾から始め、鈴木母子が移ったころには、じゃがいもやカラスムギ、テンサイなどを作っていた。

「私たちが樺太に渡ったのが昭和6（1931）年、大泊中入学は日支事変（日中戦争）の始まった昭和12年で、大東亜戦争開戦のニュースは5年生の教室で聞いた。『戦争世代』と言ってもいいね」

鈴木は卒寿（90歳）を過ぎたいまでも、それらの年数を容易に思い出すことができる。生来の、ずば抜けた記憶力にもよるが、いずれも自分の年齢と同じ数だからだ。

大正14年1月3日生まれの鈴木にとって、昭和は自分の年齢とともに年を重ねた。

開戦の前年、日本は「皇紀二千六百年」を祝った。昭和15年、鈴木が15歳の年である。この年、大泊中の交友会誌の記念号が編まれ、鈴木ら4年生もそれぞれ作文を載せている。

「青年の進むべき道」。鈴木は自分の作文にそんなタイトルをつけた。次のように書き始められている。

「柱なき家は傾き楫（かじ）なき舟は立ちどころに覆るが如く国に確固たる青年なくば国運日々に衰退して遂には滅亡に到るは火を見るよりも明らかな事である。国家の興隆、国運の盛衰は繫（つな）がりて実に吾等青年の双肩にあるのである」

「然らば吾等は何を目的として邁進し悠久実に二千六百年の歴史を誇る我が国のこの未曽有の大難を突破すべきか。それは畏（かしこ）くも教育勅語に於て明治天皇が宣（のたま）はせられた『斯道』を邁進することである」

いかにも「戦争世代」の少年の血気があふれる文章である。

明治23（1890）年、天皇の名によって発布された「教育ニ関スル勅語」（教育勅語）は、「朕（ちん）惟（おも）フニ我ガ皇祖皇宗国ヲ肇（はじ）ムル」の言葉で始まる。

父母への孝行や非常時に国のために尽くす姿勢、近代国家の国民としての心得といった徳目を、明治（大日本帝国）憲法下で主権者だった天皇が「臣民」に示す形式をとった。

これが、ご真影（天皇、皇后の写真）とともに学校に配られて、政府は校長に式典で奉読するよう命じ、子供たちも「修身」の時間に学んだ。

鈴木の文章は「斯道」、つまり勅語の教え「この道」にある「国法ニ遵（したが）ヒ一旦緩急アレハ義勇公ニ奉ジ以テ天壌（てんじょう）無窮（むきゅう）ノ皇運ヲ扶翼（ふよく）スベシ」に従う決意を述べている。

すでに当時、中国戦線では抜き差しならない戦局を迎えており、樺太の中学生たちにも、「一旦緩急あれば」の思いがふつふつと沸き立っていた。その点では記念号に載った作文は、どれも似通った決意を表白したものといえる。

しかし、鈴木の作文では「目的」「目標」という言葉が盛んに使われる。

「我等青年は遠い目的を知って而も手近な所に簡潔な目標をみつけて前進し、更に又目標をみつけては更に更に進まねばならぬ。長い辛い前進を続けて清らかな泉に到達するのだ」

「その手近な目標とは何か。僕は信じる。『覇気と誠実と而して不撓不屈の精神なり』と。現代の日本青年は覇気が足りないと人は云ふ。そして僕もさう思ふ。覇気とは元気だ。……覇気のない者は青年ではない」

常に、目的をもって、目標を掲げて、歩む。

鈴木のその後の人生をみると、その姿勢が貫かれていることがわかる。そして、目標を達成するために必要なのは「覇気と誠実」の心がけ、という。

持ち前のこの精神が、やがて旧制二高校長だった野口明という師を得て成長し、日本弘道会という組織で飛躍する原動力となる。

◇「故郷」はソ連領となり、返らず

日本は敗戦によって国家としての指針を失う。そのとき、鈴木はどう自らの人生を立て直したのだろうか。

大泊中学を終えて昭和17年春、旧制二高を受験している。ところがこれに失敗し、「仙台からの帰り、北海道の稚内から大泊までの連絡船内ではいささか気落ちしていました」。そんな辛酸もなめた。

一念発起して昭和19年1月、陸軍予科士官学校に入学する。翌20年1月には陸軍航空士官学校に進んだのだが、間もなく終戦になってしまう。

国内は空襲が激しく、飛行訓練が難しくなったため、所属隊とともに訓練場のある満州に船出しようとする矢先だった。

「我等青年は遠い目的を知って、……長い辛い前進を続けて清らかな泉に到達するのだ」と書いた軍国少年は、大切な目標を失った。前進を続ければつかめると信じていた「清らかな泉」は幻のように消えてゆく。

故郷の樺太はソ連に占領され、待てども待てども、母親たちの情報は不明のままだった。

「やむなく岩手の母の実家に落ち着くことに……。北上山系の山深い祖母の家での生活で、冬の炭焼きも畑仕事もやりましたが、とにかく食べるものが不足していました。間もなく特攻隊の生き残りの叔父が復員し、そのすすめで三陸（大船渡）の造船所で働き始めました」

造船所ではトロッコ押しのような仕事もすれば、労働組合をつくる手伝いのようなことにもかかわった。ここに転機が訪れた。

造船工の見習いには、小学校を出たばかりの少年が多い。寮で共同生活をするうち、彼らに勉強を教えようと思いたつ。「大学を出ていた職員たちに呼びかけて教授陣を組織し、夜に英語、代数、幾何などを教えたのです」と、懐かしそうに振り返る。

そして、「これからは青少年の教育こそが、日本の復興の源泉になるに違いない」。そんな確信めいたものを持つことができた。

間もなく、航空士の同期生で先に進学していた友人の呼びかけで、同じ二高に進むことになる。仙台に行くため大船渡を去るとき、少年工たちが駅頭で胴上げをして送ってくれたことが一生の思い出になっている。

鈴木が文化庁長官のときに書いたエッセイがある。「『青山如故人』。私が、時として、一筆求められた際など、断り切れない場合に、多く書くのがこの句である。

青山故人の如く
江水美酒に似たり
今日重ねて相逢う
酒を把りて良友に対す

なつかしい故郷の山々を眺め、静かな川の流れに舟を浮かべて、久しぶりに再会した旧友と酒を酌みかわす、というような大意であろうか。中国・清の文點の詩という。

私たちにもかつては、

兎追いしかの山

小鮒釣りしかの川

と歌った時代があった。時代の変化とともに、わが国土から、美しい青山や江水が失われつつあるが、それとともに、心のかえるべき故郷もまた失われようとしている。次代に生きる子供たちに私たちが残すべきものは、先人から受けつぃだ文化の遺産であるが、そのなかには、自然や故郷も含まれているのである。今からでもおそくはない。故郷をとり戻し、その良さを見直すための努力を、次代の子供たちのためにも、私たちは着実に続けなければならない」（『弘道』昭和59年５～６月号）

岩手の山村は故郷であった。そして樺太も鈴木は「故郷」と呼んでいる。そうだろう。小学から中学へと多感な時代を過ごしている。いまその地はソ連領になってしまったが、数々の思い出を忘れることはできない。

いずれの故郷にも、濃密な交わりの航跡が残っている。

日本人が教育勅語の教えを学び、多くが自らの「人格の背骨」として生きていた時代はすでに、はるか遠くに退いている。しかし、そこで生きた人々の思いは引き継がれる。否定することのできない日本人の歴史である。

◇教育勅語とともに失ったもの

鈴木の戦後は、この日本人の「人格の背骨」をとり戻すための戦いといえる。

いわゆる戦後民主主義のもと、教育勅語は戦前・戦中の軍国主義に結びつくものとされる。国会では「国民道徳の指導原理として持続されている」と誤解されないよう、学校に保管されていた謄本を回収する決議までしている。

その後の日本では、有事に備える心構えは消え去っていた。戦前の価値を全否定して、日本を貶める自虐史観が大手を振ってまかり通り、メディアはその風潮をあおる。

やがては、「国家の品格」を疑わせる現象が頻発する。政治家の腐敗、横行する経済事件、バブル経済の大騒ぎと破たん。国家のあるべき姿を忘れ、ひたすら経済復興に走った日本人の精神の末路のようだった。

家族や同胞を思い、国を愛する心はどこかに消え去り、国民相互の絆をなくした「無縁社会」が日本中に拡大する。まさに「道徳の空白」が再来した。そう鈴木は見ていた。

貝塚茂樹（武蔵野大学教授）は、戦後の道徳教育を「思考停止」に陥らせた元凶が、「修身科＝悪玉論」と「教育勅語後遺症」にあると分析する。

戦後教育は、ＧＨＱ主導の改革によって形成されたが、実は一般的なイメージとは違い、米国側の修身科に対する評価は決して低いものではなかった。国定修身教科書を分析した結果、その内容は「相対的に無害である」と判断していた。戦時期の教科書に顕著に認められる軍国主義と超国家主義的な部分さえ取り除けば、基本的に問題はないというのが結論だった。

しかし、ＧＨＱは、修身科の改訂ではなく、「社会科」の設置を求める。日本側の作成した改定案が米国の社会科の内容と類似していたことが要因だった。

結果として、社会科は直接的には道徳教育を目的とした教科ではなく、道徳教育を担う教科が消滅する。修身科は、その歴史的な功罪を十分に検討されることなく、「悪役」として感情的に断罪されてしまうのである。

文部省は、教育勅語を廃止するのではなく、勅語を唯一絶対の理念とすることや「神格化」の扱いを禁止する方針でいた。

ところが昭和23（1948）年、衆参両議院が「教育勅語排除・失効確認決議」を可決したことで修正される。

GHQ内の民政局（GS）の強い働きかけがあり、決議によって教育勅語は「違憲詔勅」とされ、過去の文書としても権威を失うことが宣言された。

教育勅語の排除は、日本の道徳教育の規準を失うことを意味していた。しかも重大なのは、この決議によって教育勅語に掲げられた徳目の「道徳的価値」までが否定されたかのような誤解が生じたことである。

平成29（2017）年、大阪の学校法人が幼稚園児に教育勅語を暗唱させていたことが国会やマスコミで批判された。

閣僚が「教育勅語に流れている核の部分は取り戻すべきだ」と発言し、野党側が反発したが、政府は「憲法や教育基本法などに反しないような形で教材として用いることまでは否定されることではない」との答弁書を閣議決定した。

当然のことでなければならない、と鈴木は考える。

教育勅語の「核の部分」とは。親孝行があり、兄弟姉妹が仲良く、夫婦は仲睦まじく、とある。そしてこの国に「一旦緩急」があったときの心構えを説く。

鈴木は教育勅語によって教育を受けた。国の運命が人生の目的を大きく狂わせるという経験をした。しかし、そのことで戦後の多くのエリートのように日本の近代史を否定することはしない。

逆に最近では、「日本人は運命共同体」という思いを強くし、その自覚を持つことの大切さを力説している。

大震災や原発事故で明らかになったのは、外国人は非常時に、自分の国に避難することはできるが、日本人はどこにも行くことができない、この国で暮らすしかないという事実だった。

国家は、近代の人間が生み出した「国際社会の中で生きていくための運命共同体」である。日本という国を離れては生きていけず、その国民であることが生きていく保障なのである。

「国を大切に思う気持ちが、その国の教科書を読んでも育っていかないというのは本来とてもおかしなこと」。鈴木は、その思いを強めている。

◯「愛する国」のため教育にかける

鈴木が、旧制二高から東大法学部を卒業して、文部省（現・文部科学省）に入ったのは昭和28（1953）年だった。二高入学時には4つも年下の同級生がいたが、それはそのまま、彼の戦後の苦闘を物語っている。

文部省に入省したとき、28歳になっていた。同級生たちは「二高入学時すでに大人（たいじん）の風貌で、またたく間にボス的存在になった」と証言する。

文部省でも、若い人たち、部下たちに暖かく接し、ものごとを親切、丁寧に教える。誰に対しても誠意を持って接する。「人格者」といわれるようになり、さらに「どんな危機にあっても動じない」という評価が加わった。

その一番の例が、昭和57（1982）年、鈴木が初等中等教育局長になりたてのときに起きた教科書問題であろう。

中国・韓国との外交問題にまで発展した問題は、日本のメディアの誤報が発端だったが、常に冷静さを失わず、収拾にあたった。毅然とした態度で筋を通そうとする姿に、省内はもちろん政治家や外務省幹部たちも敬意を払うようになる。

戦後、日本の教育制度は米国をモデルに大改変された。

昭和20年10月、GHQは「日本教育制度に対する管理政策」を発表し、それに沿って「国家神道、神社神道に対する政府の保証、支援、保全、監督並びに弘布の廃止」、「修身、日本歴史及び地理の停止」など、教育に関する4つの「指令」を立て続けに発する。

これにより「修身科」と日本歴史、地理の授業が停止され、新たな教科書と教師用参考書の編集が命じられた。

昭和22年、「検定制度」が小学校から高校までの教科書で導入された。新設の学校教育法が「文部大臣の検定を経た教科用図書または文部省が著作の名義を有する教科用図書を使用しなければならない」（第34条1項）と規定したのを受けてのことだった。

同じ年、文部省は教師用の「新教育指針」を作成し、全国の学校に配布する。GHQの4つの指針と教育使節団報告書の内容を具体化するもので、この指針によって戦後教育は本格的にスタートする。

「教育の地方における自治」を実現する機関として教育委員会制度が設けられる。一方、教職員が組合組織をつくることも、教員らの「民主的修養」の観点から重要とされた。

この時期の日本教職員組合（日教組）と文部省との関係は、のちの激しい抗争からは想像もできない蜜月といっていい。当時は国民世論も、それを支持しており、「日教組を批判したいのであれば、戦後民主教育も同時に批判すべきではないか」といった論者も現れた。

◇「教員＝労働者」論との裁判闘争

しかし鈴木が文部省で中堅として働くころには、日教組との関係は極端に悪化していた。昭和42（１９６７）年、千葉県教育委員会の教育長に赴任した彼が苦労していたころのエピソードを、日本弘道会の理事や事務局長をつとめた渡辺薫が次のように語っている。

「いささか古い話になるが、私は所用があって、お元気だったころの茂木啓三郎理事（茂木友三郎キッコーマン名誉会長の父）を東京・神田錦町のキッコーマン東京本社に尋ねたことがあった。その時、じきじきうかがって忘れ得ぬことがある。それは鈴木会長がまだ42か43歳の壮年時代で、千葉県の教育長として本省の課長から赴任したころのことであった」

「当時、日教組が横暴を極めて、聖職にありながら、自からを世間と同列の労働者なりと称して、学童への道徳教育絶対反対を叫んだり、民間の春闘のたびに赤旗を立ててこれに呼応したり、教壇を放棄して時限ストを構えたりと、そのころの教師像はまことに慄然（りつぜん）たるものがあった」

「昭和43年、鈴木教育長はたまりかねたとばかり組合に対し、『職場規律の正常化』を通達、これに反する教師に大鉈（なた）を振るい、良識ある父兄から大きく支持を受けるという一幕があった」

ここで茂木は語気を強めた、という。

「私（茂木）どもは感銘を受け、教育長は普通1期2年といわれたところを、特別に当局に働きかけて2年延長して2期4年を要請し、幸い成功しました。不思議なことがあるもので、このことがあってから、千葉県内の労働界に、にわかに労使協調の機運が高まりましてね。日教組運動ばかりか町の工場の争議までが、めっきり数が減ったとの評判でしたよ」

『日本弘道会110年史』に載っている話である。昭和61（1986）年がその記念の年であり、この年に鈴木が会長に就任したことはすでに書いているが、渡辺はこのエピソードにさらに加える。

「言うまでもなくキッコーマン・グループの総帥、茂木社長といえば、わが国財界の重鎮で海外にまで名を知られた経済人。また戦前のわが国の労働争議史上最大のものとして有名な野田醤油（千葉県）の長期ストの際、学卒早々の弱冠ながら労務担当主任として身を挺し、抜群の活躍をしたころの労苦を回想されてか、鈴木教育長のエピソードによほど強烈な印象を持たれたにちがいないと思われたことであった。そして私の顔を覗きこむようにして、にっこりと付け加えられました。『弘道会さんも、いい会長を持たれましたね』」

渡辺の論旨は、教員は単に「世間と同列の労働者」でなく、「聖職にある」という自覚が必要、ということだったが、これが「聖職者・労働者」論争に発展するなかで、戦後民主主義が生んだ教員の組合は極端な党派性、イデオロギー色を強めていた。

学習指導要領の合法性、具体的には、全国一斉テストの適法性や検定教科書の合法性・使用義務などをめぐる国と組合との激しい対立が生まれる。

それは「学校での教育課程の基準の設定やその編成をだれが担うのか」という争いに発展した。憲法26条の「国民の教育を受ける権利」をふまえた「教育権論争」と呼ばれている。

いわゆる「家永裁判」は、教科書の検定制度の違法性を訴えるなかで、この教育権の問題を問うたものとして歴史に残っている。

家永三郎（元東京教育大学教授）は、自ら執筆した高校用日本史教科書『新日本史』（三省堂）への検定処分をめぐって、昭和40（1965）年、42年、59年と3次にわたって国を相手に行政訴訟を起こした。

最終的には、第1次・第2次とも家永側の敗訴となる。第3次訴訟の最高裁判決が平成9（1997）年に至ったことから、初提訴から終結まで32年を要した「最も長い民事訴訟」としてギネス世界記録にまでなったというが、ここでも家永敗訴は変わらなかった。

最高裁は「（不合格になった教科書も）一般図書としての発行を妨げるものではなく、検閲には当たらない」と検定制度の合憲理由を述べている。

ところが一審段階では、家永教科書の不合格処分を違憲・違法とする判決が出ていた。第2次訴訟の東京地裁、杉本良吉（裁判長）の判決である。昭和45年7月17日に言い渡され、「杉本判決」として記憶されるが、この中で杉本は、「国民の教育権論」を展開して、「教科書の記述内容の当否に及ぶ検定は教育基本法10条に違反する」と述べた。

さらに教科書検定そのものも、憲法21条2項が禁止する検閲に当たるとし、処分取消の請求を認容した。家永の全面勝訴である。

当時、千葉県教育長の立場にあった鈴木は、この論を真っ向から批判する論文「教科書判決について」を『弘道』に寄稿する。

それは、「裁判長の名をとって杉本判決と呼称され、徹底したプレス（新聞）キャンペーンによってその内容といわゆる進歩性（筆者傍点）が喧伝された」と始まる決然たる文章である。

「そもそも、国の教育の内容や教育政策の基本にかかわることを法廷で争い、教育を素人の裁判官の判断にゆだねるということは、まったく異常である。かりに問題があるとしても、なぜ教育者や行政官の合意のうえで、それを解決することができないのか」

そう述べたうえで鈴木は「背景には、教育界に特定のイデオロギーを持ち込み、教育界に対立と抗争をもたらしている強大な勢力が存在している。このことを多くの国民は知っており、それゆえ、この判決のもたらす影響を深く憂うるのである」と論じた。

この訴訟が単に、家永教科書の検定処分取消の問題でないことは、原告の家永本人があらゆる機会に主張しており、判決後の感想でもこれを明らかにしていた。ジュリスト「特集、教科書検定判決」に書いている。

「原告側主張は、教育基本法違反だけでなく、教育の権力統制の違憲を正面から主張しているのであって、従来の『教育裁判』でかちとられた成果をさらに大きく前進させようとする意図をはっきり示している。……次第に無力化しつつある憲法に新しい活力を注入し、『政府の行為によって再び戦争の惨禍が起ることのないようにすること』をめざす遠大な目的が横たわっている」

鈴木はこれを「家永のいう遠大な目的（筆者傍点）は、日教組のいう『教え子を再び戦場に送るな』というスローガンと全く相似している」と指摘した。

◇国家の「教育権」は否定されず

杉本判決の最も不可解なのは、国家と国民を峻別し、「親を中心として国民全体」に子供を教育する権利があり、「国家が教育内容に介入することは基本的に許されない」と国家の教育権を否定している点だった。

そもそも、国家とは「国民全体の団体」のことではないか。憲法26条はもとより、どの条項をみても、国家の教育権を否定する規定はない。まったく裁判官独自の教育論からする解釈としか思われない。

国側は「議会制民主主義をとるわが国においては、国民の総意は法律に反映されることになっており、憲法26条1項も『法律の定めるところにより』としているから、国が教育に関与することは認められている」と主張していた。

こちらの方が議会制民主主義の憲法に忠実であり、説得力ある議論であることは明らかだった。鈴木の論はそのように展開する。

戦後の進歩的知識人たちは、国家や権力という言葉を極端に嫌った。反対に好んで使われたのが「平和」「自由」であり、「権利」であった。杉本判決が示したものは、戦後民主主義の弊害が異常に肥大化した姿というほかなかった。

鈴木はこうした日本社会の変質を冷静な目で見ていた。

青春と呼ぶべき時期は戦時下に過ぎ去り、楽しかったと言えるような思い出も多くはない。

「卒業した相浜小学校、大泊中学校も、その後に学んだ陸軍予科士官学校、陸軍航空士官学校も第二高等学校も、今は日本の学制から姿を消した幻の学校になってしまった」。母校が次々と消えていく寂しさである。それを、「一つの時代の運命」として受け止めた。

たしかに、文部省での仕事は激務の連続であり、とくに千葉県教育長としての3年10カ月は自ら「修羅場の連続」と表現したこともある。

しかし、その鈴木は千葉県から本省の地方課長として東京に戻り、初等中等教育局審議官になっていた昭和51（1976）年12月、旧陸軍の親睦組織の機関紙『偕行』に次のような文章を寄せている。

「……樺太の母たちが引き揚げてきたのは、二高の2年生の暮であった。私はそれから、東大法学部に入り、政治学科に進んだ。……友人の中には、当時公務員を志望する者は少なかったが、二高校長の野口明先生のすすめで文部省に入った。教育を通じて国に報いたいという素志が、私にこの道を歩ませたといえる」

「それからの役人生活は『私の戦後』の中では、最も安定したものであり、戦後のシュトルム・ウント・ドランク（疾風怒涛）の時代に比べれば、平凡であり、とり立てて誌すこともない」

「しかし、これが『私の現実』であり、これから何をなすかが未知数として残されている。愛する者のためにしなければならないこと、愛する国のためになすべきことが、まだまだ多く残されている。『私の戦後』はまだ終わらない」

教育長、地方課長として「修羅場」をくぐり抜けた文部省の現場も、戦後すぐの怒涛の時代を思えば、「平凡であり、とり立てて誌すこともない」。この感慨は、同じ苦労を分け合った「戦友」たちにしか分かってもらえまい。寄稿する場を選んでの心情の吐露だったのだろう。

「愛する国」の教育が混乱の中にあった。日教組との抗争に頭を悩まし、プロパガンダに堕した不毛な教育裁判に対応する中で考えたのは、本来そうあるべきではない「戦後」に決着をつけ、前進することでしかなかった。

それは道徳の復活であり、日本人の「心の復興」に違いない。

かつて、「修養を重ね、立派な人間になる」とか「志を果たし、故郷に錦を飾る」といった美しい倫理が日本社会にはあった。それらが青少年たちを鼓舞し、勇気と希望を与えて国を発展させた。戦後の社会では、そうした倫理観や処世訓は、ぼろ雑巾のように捨て去られている。

理由ははっきりしている。「敗戦後の日本のインテリ層の主流に左翼思想が浸透することで、『修養』や『立志』といったものを通俗的として見下げる空気が育っていた」のである。

そう思うと、「愛する者のため、愛する国のために、なすべき残されたこと」

が鮮明に見えてきた。

○西村茂樹の精神が呼び起こすもの

「私の戦後」はまだ終わらない。では、どのようにすれば「戦後」を終わらせることができるのか。鈴木がこの時期、どのように考えていたかを示す貴重な論考がある。

タイトルは「明治百年と教育」という。日本が明治維新からの１００年を祝った翌年、昭和43（１９６８）年、『弘道』に寄せた。「青年の力を建設に向かわせよ」の副題がついていた。

大学紛争が華やかなころである。国と地方の各地で記念式典が催されたが、「明治百年を素朴に祝おうとする国民的な盛り上がり」が欠けていると感じられた。なぜだろうかと考える。

まず、「外国の悪い影響を受けた反体制好きの知識人やジャーナリズムがこれに水をかけたこと」があるだろう。それればかりではない。「騒然たるスチューデント・パワーによる大学紛争を頂点とする社会擾乱があり、他方においては物質的繁栄の中の精神文化の衰退や道徳的退歩の潮流がある」

このことが、盛り上がっていいはずの祝賀のムードを冷えさせている。

それは結局、「戦後の日本に国家としての理想がなかったこと」に由来するのではないか。「明治百年の中で、何をメリットとしてとりあげ、何をもって今後の変革の条件とするかという目的意識が明確ではなかったから」ではないかと問うのである。

明治維新を達成させたものは、当時の青年の聡明さと勇気である。その後の100年を支えたのもやはり「青年の力」であり、根底にあるのは教育の蓄積にほかならない。

吉田松陰の米国渡航の試みを拒否したペリー提督は『日本遠征記』の中で、「その生死を賭した知的好奇心に富む青年の国家の運命というものを考えると希望に満ちているといえると思う」と予言していた。

鈴木は「日本はペリーの予言の如く、いな、それ以上に大いなる発展をとげた」とし、この発展の基礎を築いたものこそ、知的好奇心に富む幾多の青年の力であった、とする。明治の俊秀は官界、実業界にも進んだが、教育界に自ら積極的に進んだ者も少なくない。

ところが、戦後はどうだろう。「秀才の多くは物をつくる産業界の仕事に専心し、人をつくる教育の仕事にすすんで身を投じようとする者は少ない」。さらに、物の生産や経済は目に見えているが、道義の進歩や精神文化の生産性は見えない。そのため、「現代の青年の多くが、秩序を破り暴力を振るうことに勇敢であるのみにて、国家の運命を憂うる真情と民族の将来を計る聡明さに欠けているとしか思えない」のである。

明治100年から学ぶとすれば、国家が明確な理想を掲げ、これを達成するための基礎としての教育、青年の養成に最大の関心を払うことである。

「よく、教育は国家百年の大計という。しかし、教育を真に優先する政治と、教育者を真に大切にする社会とによって、これを保障するのでなければ、この言葉は、いつまでも教育式典の際の祝辞にとどまるほかはない」

青年の聡明さと勇気を育て、彼らが明確な国家理想を描けるよう、教育の現状を立て直すことである。

先の『偕行』に寄せた文章は、文部省勤務の23年を経て、51歳になっていた鈴木の自らの後半生にかけた「目標」でもあった。

◇全国に「支会」、同志と語らう

こうした思索の深まりを可能にする過程では、旧制二高からの師、野口明との交わりが大きく影響した。

そしてさらに、野口に勧められて加入した日本弘道会が明治期から貫いてきた「国民の品格」をつくる啓蒙活動に携わることで、鈴木の生来の資質が大きく開花し、盤石のものになっていく。

鈴木が日本弘道会の会員になった経緯は、こうである。

昭和34（1959）年9月、文部省の初等中等教育局財務課の法規係長から島根県教育委員会の学事課長に赴任する。翌年秋、お茶の水女子大学長を退いて日本弘道会理事の仕事に専心していた野口が、松江支会の総会での講演のため松江市を訪れた。

一週間ほどの滞在の当初、野口は県教委が管轄する施設に泊まったが、総会が終わると「鈴木の家が見たい」と、妻と2人で住む官舎に移ってきた。鈴木は東京で島根への赴任あいさつをした際に、「これからは床の間のある家に住むこともあるだろう」と野口から、山水の掛け軸をもらっていた。

「無一物の私のことを心配されてのこと」と恐縮していた鈴木は、その山水の一幅を床の間にかけて野口を迎えた。

「妻が身重であったこともあり、十分なおもてなしもできなかったが、仕出しのものよりも妻の簡単な手料理の方をよろこばれた。そして、お茶の出し方とかいろいろのことを丁寧に教えてくださった。このときの先生のご様子は我が家の良い思い出として、後々まで語り合ったものです」

日本弘道会のことを初めて聞くのがこのときである。「詳しいお話ではなく、とにかく、いい会だから会員になっておき給え」と言われ、「それ以来のご縁でここまできました」と懐かしそうに語る。

当の野口も昭和51年、「松江の3日間」という文章に「15年前の昭和35年に来た時は、むらくも会館（県教委の施設）に2泊し、当時の県教委の学事課長、鈴木勲君の自宅に連れられ、数日ご厄介になった。その鈴木君はいま文部省総務課長であり、また本会の理事でもある。松江は種々の線で本会と関係が深い」と書いている。

会祖、西村茂樹は、全国を歩いで同調者を増やす実践を重んじ、地方に運動を広げることに腐心した。当初は「地方分社」と呼ばれたが、明治20年、運動組織を「日本弘道会」と改称したのとあわせて「支会規約」ができた。

その第1号は宇都宮第一支会であり、昭和末までに設立許可を受けた支会は280カ所に達していた。

いま、県単位や広域支会に統合するなどして、数を減らしてはいるが、その中でも、松江支会は第3代会長、松平直亮が旧出雲松江藩の藩主の3男として松江で生まれていることもあり、現在でも大きな支会（平成3年に島根支会と名称変更）の一つである。

その松江に赴任するというのも、鈴木と日本弘道会との不思議な縁を思わせるのだが、会員となった鈴木がさっそく、支会のメンバーを増やすために積極的に活動したことは言うまでもない。

先に旧制中学時代の作文で、「目的」や「目標」という言葉を多用し、「目標を達成するには『覇気と誠実』の心がけが大切」と強調していることを見た。ここでも少年時代からの心意気を忘れていない。

◇いま、「日本道徳論」が読まれる

「戦争に負けて、『教育勅語』が廃止になり、占領軍による『修身』の教科廃止の指令があり、明治維新後に西村茂樹が遭遇したような道徳教育の空白時代が再び訪れたわけです」

鈴木は『「日本道徳論」を読む　―西村茂樹の思想と行動―』を平成26（2014）年に出版し、こう論じている。

すでに見たように、戦後の新たな教育体制では、修身科、日本歴史、地理の3教科の廃止に伴って新設された「社会科」が、日本の道徳性にかかわる内容も担うべき科目とみなされた。あくまで「民主主義教育の一環」としてであった。やがて国際的な東西対立が激しくなる中で、文部大臣の天野貞祐のように「修身科」復活を説く人たちもいた。日本が独立した昭和26（1951）年、文部省は『道徳教育のための手引書綱領』で「道徳教育は、学校教育の全面において行うのが適当」という「全面主義的道徳教育」の方針を確認したものの、「修身科」が実際に復活することはなかった。

国民の道徳性に関わる部分は、教科として独立させるべきだという意見は根強かったが、「民主化のための中核的な教科となった『社会科』の本質を見失わせ、（子供たちに）上から徳目を教え込む修身に回帰する可能性がある」と反対する人たちがいたのだ。

結局、昭和33年、「教科」ではなく特設の「領域」、他の教科とは性質を異にするものとして、「道徳の時間」が新設される。それは毎学年、毎週1時間とし、①原則として学級担任が担当する、②「教科書」の使用を義務づけない、③数値による評価は行わない、の3点を条件に進められることになった。

「私も文部省当時、この『道徳の時間』の普及活動をいろいろなところで行いました。そうした活動の際、日教組など反対派の教員が、受講者が乗っているバスの前に身を投げ出して反対するようなこともありました。初等中等教育局長のときも実態調査をして、道徳教育を本格的に進めようとしたのですが、他の教育問題があってなかなかできませんでした」

そう振り返り、戦後の道徳の「空白」を埋めることがいかに厳しい作業であったかを述懐している。

文部省を退いて国立教育研究所、日本弘道会と仕事を続けるなかで、「特設の道徳の時間だけではまったく不十分」と考えつづける。

「やはり『道徳』という教科を設けて、一番大事な教科とするために教員も養成し、教科書もつくり、評価もして、きちんとしたものにしたい」。その思いが鈴木を行動に駆り立てたのである。

第2章　文部官僚として信念を貫く

○教育界のなれ合い・腐敗を徹底追放

この章では、文部省（現文部科学省）での鈴木勲の仕事ぶり、活躍のようすを見ていくわけだが、まず、教育長として赴任した千葉県での話から始めることにしよう。

さきに、千葉県野田市を本拠とするキッコーマン・グループ総帥、茂木啓三郎がその仕事ぶりにほれ込み、教育長の任期延長を申請した逸話を書いた。

それは見方を変えれば、鈴木が「文部省生活、修羅場の32年」と回顧するなかでも、クリアすべき難問を多く抱える現場であったことを物語る。

県教育長になる昭和42（1967）年までに、鈴木は2人の子供を授かっていたが、千葉では、日教組の組合員らに官舎を包囲されて家族を一時避難させるような騒動にも遭遇する。国鉄（現 JR）千葉駅前には、「教育長は文部省に帰れ！」と書かれた看板までが立てられた。

それまで島根県の学事課長、大臣官房人事課副長から初等中等教育局の教科書管理課長と、文部省の階梯を順調に歩んできた鈴木にとって、初めてといっていいピンチが訪れていた。

◇ピンチ到来、「法皇」教育長の悪弊断つ

この時期、文部省から教育長を受け入れていた県は全国で7つある。地元からの要請で文部省が派遣することも多かったが、鈴木の場合はまったく異例のケースといっていい。

前任の教育長、山下重輔が病で倒れ、急きょ赴任辞令が出たのである。教育長の役職は、昭和23年に教育委員会法が施行されて設けられた。山下は昭和28年、県教育次長から2代目教育長に就任し、それ以来、14年余にわたって県の教育界に君臨していた。

その権力は、「法皇」と呼ばれるまでに肥大していた。教職員組合とも「持ちつ持たれつ」の関係をつくり、ストライキがあっても文部省には報告せずにすま

せ、校長や教頭への昇格では、金品が動くことも稀ではなかった。

「金と土地を用意しました」

赴任して間もなく鈴木の妻は、こんな電話を受けて驚いた。山下と間違えて、校長ポストを狙っての「猟官」を目論んだ申し出の電話だった。

どのような土地をどうやり取りするのか、実感はわかないものの、「土地や金まで受け取っていたのだろうか……」と唖然とする思いだった。

鈴木は、教育委員会の人事を刷新、組合に対しては「職場規律の正常化」を通達して、ストライキなどの規律違反には厳しく対処する方針を示す。さらに、県としての「新長期教育計画」を作成し、「新しい時代の人間像」を掲げて子供たちを育てることを、教育現場の重点課題とするよう各学校に指示した。

中央教育審議会（中教審）は、鈴木が千葉に赴任する前年、後期中等教育（高校教育）を見直し、「期待される人間像」を文部大臣に答申していた。初中局の教科書管理課長の職務にあった鈴木は、その内容に大いに共感し、その精神を徹底したいと考えていた。

「期待される人間像」は、「後期中等教育の理念を明らかにするため主体としての人間のあり方について、どのような理想像を描くことができるのかを検討したもの」と定義される。

すでに18歳人口の70％近くが高校教育を受けるようになり、さらに増加が見込まれる中で、教育のあり方が問い直されることは当然だった。

小学校から高校まで「国民教育として12年教育」が当たり前になる。答申を執筆した高坂正顕（元京都大教授）は、教育現場でその「目的」を掲げることを嫌う力が働いている状況に対して、「教育目的のない教育はなく、特に理想的人間像を欠いた教育は、舵のない舟のようなもの」と警笛を鳴らしていた。

日教組は、こうした考えに反発した。昭和27年に日本が独立を回復すると、占領政策が見直され、中教審が文部省の諮問機関として設置された。

日本の歴史、文化、伝統に基づいた教育への転換が図られ、「道徳の時間」の特設をはじめ、教育委員を任命制に切り換えた地方教育行政法の制定、偏向教科書是正のための検定制度の整備などが進んでいた。

これらを「逆コース」政策と決めつける日教組は、勤務評定反対、教育課程反対、全国一斉学力調査反対と、次々と「反対」のための闘争を展開した。

昭和27年の「教師の倫理綱領」で、教師は「聖職」とする見解に対抗して「教師は労働者」を宣言する。闘争のための戦術を徐々に強化し、文部省との蜜月に見切りをつけるようにほぼ毎年、全国でストライキを打つようになっていた。

千葉県には、この県の特殊事情もあった。京葉工業地帯に続々と大工場が立ち並び、首都圏の都市部を中心に人口が急増し、学校建設や教職員の手当が追いつかない。加えて、昭和41年に成田・三里塚に「新東京国際（成田）空港」の建設が閣議決定され、反対する農民と学生たちが、子供たちを巻き込んで過激闘争を展開する事態になっていた。

のどかな田園地帯は急激な都市化の波にさらされ、重大犯罪も急増する。古い因習を残したまま、新たな利権に群がる政治家や役人たちの汚職も頻発する。そうした腐敗は教育界も例外ではないことを鈴木は赴任して発見したのだ。

鈴木の家族の「避難騒動」も、そうした混乱の中で起きた。千葉市内にあった教育長の官舎を組合員が取り囲み、「辞めろ」という大きな声を張り上げる。鈴木の子供たちは小学校の低学年と小さかったが、気の強い娘は玄関を開けて睨み返したと後で聞かされた。

いたいけな娘がそこまで耐えなければならないのか、と思うと、いたたまれない気持ちにもなったという。

「私は家にも戻れず、教育委員会の庶務の人たちが官舎に駆けつけ、近くの料亭に妻と子を避難させてくれたのです。学事課長も庶務課長も、私が赴任して入れ換えた人たちですが、よくやってくれました」。鈴木は遠くを見るような眼差しになった。

統計によると、千葉県の人口は昭和44年からの10年間に約150万人、約48%も増加する。この間、高校進学率は80%から94%へと高まった。こうした高校への進学希望者の増加に対応するため、「高校将来計画」を策定し、7年間で20校の高校を新設または分離独立させる政策がとられた。

高校ばかりではない。東京湾岸の工業地帯には、新日鉄君津（君津市）はじめ大企業が続々と進出し、小学校も中学校も足りない。新たな学校建設のための用地の確保、教職員の補充が教育長の肩に重くのしかかった。

「土地の取得、それから周辺の人たちの理解を得る作業もあります。先生を急いで増やすため、私の出身地の岩手県あたりまで出向いて勧誘しました。教育研究所だった施設を教員養成のための研修所を兼ねた教育センターとして、1年間研修をすれば教壇に立てるようしたのです」

まさに「寝る暇もない激務」で、家族団欒など考えも及ばなかったが、鈴木の妻はその間献身的に夫を支えた。鈴木はその妻に感謝している。

日本は高度経済成長のピークを迎え、千葉県は社会変化の波をもっとも強烈に浴びていた。そこにGHQの占領政策の見直し、急増する就学人口に対応する教育施設の確保と、教育長はそれまでにない負担を強いられた。

◇「成田闘争に子供たちを巻き込むな」

成田空港建設の反対派が高校生や子供たちまで巻き込み、抵抗運動が激化していたことも負担を倍加させた。

建設による農地の移転、騒音など生活環境の変化をめぐって、反対運動が日に日に激しさを増す。

当局は、まず条件賛成派との交渉を進めたものの、買収予定地の約80％の地主が応じただけで、残る土地の所有者らは「反対同盟」を結成して、「金は一時、土地は末代」を合言葉に結束を固めた。

これに、大学紛争で勢力を拡大した学生たちが加わる。白いヘルメットの中核派を中心に赤ヘル、黒ヘルと、現地で反対集会が開かれるたびに、その数を増やしていた。

建設予定地では、農民と支援学生の「団結小屋」や櫓（やぐら）が多数つくられ、「抜き打ち測量を許さない」と泊まり込みで警戒する。やがて地元の高校生や小中学生までが加わるようになる。

昭和42年8月発売の『週刊朝日』は、「成田空港の〝白虎隊〟」という記事を載せている。「子供を巻き込むな、と怒る市教委と、当然の成行きだという反対派の話」の見出しがある。

「8月5日、成田市立遠山中学校の講堂で、原水爆禁止三里塚特別集会が開かれていた。その席上、63人の小、中学生が、連帯旗を先頭にハチ巻姿で壇上にあがった。一瞬、『なにごと！』と目をみはる人たちの前で、6年生の男の子が少年行動隊の結成文を次のように読みあげた」

「『本日、少年行動隊が私たちの話合いによって結成されました。私たちの、お父さん、お母さんは、私たちを守るために闘っております。私たちもお父さん、お母さんと力を合わせて闘います』。少年行動隊の誕生である。これが町中に知れると、みんな目を丸くした。『なんてこった』というヒソヒソ話、『あれじゃあ、会津の白虎隊だ』といった批判の声も聞かれた」

しかし、反対同盟委員長の戸村一作は「闘争が盛り上がってきた結果の当然の成行き」と胸を張った、という。

昭和45年2月、土地収用法に基づく立ち入り調査を阻止しようとする闘争では、少年行動隊に属する児童・生徒らも「同盟休校」と称して学校を休んで参加した。そして、ついには少年たちからケガ人まで出る。

県教育長の鈴木は、大学の山岳部で使っていたヤッケを着込んで、何度も現地に出向いた。委員長の戸村に、少年たちを登校させるよう直談判したことは、当時の有名なエピソードとして語り継がれた。

「少年行動隊の小中学生たちと話し合ったこともありますし、戸村さんには直接会いに行きました。大学生は別としても、子供たちを巻き込むことはやめてくれ、と申し入れたのです。しかし戸村さんは、『自分にも止めようがない』と言うだけでしたね」

反対集会で学生たちが子供たちを連れて行く姿をみた鈴木は、地元の校長らを集めて、「子供たちを守れ、先生方が白タスキをかけて突入し、守ってやるんだ」と発破をかけた。

「私は校長たちのようすを草の陰から、監視するように見ていました。うまくやってくれるかどうか心配でしたからね」。もちろん、指示を受けた校長たちも真剣で、なかには、「身体髪膚（はっぷ）これを父母に受く、あえて毀傷（きしょう）せざるは孝の始めなり」と叫んで、デモ隊の中に飛び込んだ校長もいた。

「自分の身体はすべて父母から授かったものであるから、傷つけないようにするのが孝行の始め、という教えです。そんな言葉を口にし、説得に当たる校長たちの姿に、私も鳥肌が立つような感動で身震いしたことを覚えています」

そんな日々が続いたのである。

千葉県議会は当時、反対同盟を支持する社会党の勢力が強く、鈴木流のやり方は何度もやり玉にあげられた。それでも良識派は、その決断力、実行力を高く評価していた。

鈴木が文部省を定年退職した昭和60年3月の毎日新聞のコラム『記者席』には、このときのことが取り上げられた。

「当時、千葉県議で、自民党千葉県連の青年部長だった浜田幸一衆院議員をして『見識が高いばかりでなく、果断な実行力がある。最高の教育長だった』と言わせたほどだった。以来、浜田氏はひそかに『兄貴』と慕っているといわれる」

鈴木の任期延長に動いたというキッコーマンの茂木は「その果断な行動のおかげで、県内の労働界の雰囲気が変わった」とまで激賞していた。

実際、教育界でも、船橋市の二宮中学校を中心に、日教組に代わる「新しい組合をつくる正常化」の動きもみられ、やがて高校にも広がった。鈴木は幹部の会合に出て激励した。

「メチャな教育長の尻ぬぐいで始まった3年10カ月。乱れた教育現場での軌道修正、正常化を目指して全力投球しました。しかし、最後には、組合の委員長らとも酒を飲むような関係にもなりました。厳しさの反面、いろいろなことがあって、おもしろくもありました」。ただ、そう語る鈴木なのである。

○日教組のスト闘争にも裁判で勝利

教育長の激務を終え、地方課長として文部省に戻ったのは昭和46（1971）年7月である。しかし、新しいポストも鈴木に休むことを許さなかった。

49年6月まで3年の課長時代は「公務員の労働問題という観点からみて、極めて特徴的な時期」だった。昭和27年の「教師の倫理綱領」で「教師は労働者」と宣言した日教組、これに対して政府は、29年のいわゆる「教育二法」の制定によって対抗していた。

一つは「義務教育諸学校」の教職員に、特定の政党などを支持または反対させる教育をすることを教唆煽動したものに懲役や罰金を科し、一つは公立学校の教育公務員の政治的行為の制限を国家公務員並みに強めるものであった。

地方課長の時期が「特徴的だった」というのは、「公務員の労働問題のなかで教育公務員の組合活動をどう位置づけるか」という争議がピークを迎えていたからである。

「総評、日教組などのスト権奪還闘争の目標が昭和49年におかれ、あらゆる公務員労働問題が、この時期に集中しました。闘争は、法廷や公務員制度審議会、それにＩＬＯ（国際労働機関）という3つの場をフルに活用して進められ、並行して、ストライキなどの実力行使を拡大したのです」

実際、「次々に起きる事象の対応に忙殺されて、なりゆきの見通しも得られないまま、いわば『守勢の闘い』がつづくという状態だった」という。

まず法廷闘争をみると、昭和44年4月、最高裁判所は東京都教組の勤評事件の被告全員に無罪判決を言い渡した。

事件は昭和33年に遡るが、都教組は、都教育委員会が文部省の方針に従い勤評規則案を上程する動きに対抗し、組合員に一斉に休暇届を提出して、反対行動をとるよう指令した。

検察側は、こうした行動は同盟罷業に該当し、組合幹部らによる指令の配布伝達は地方公務員法第61条4号の「あおり行為」などに当たるとして起訴した。

第1審は全員無罪、控訴審は逆に全員有罪としたが、最高裁は「すべての地方公務員の一切の争議行為を禁止し、あおり行為などをすべて処罰する趣旨とすれば、公務員の労働基本権を保障した憲法の趣旨に反し、……必要限度を超えて刑罰の対象とすべきでない」と無罪判定を下した。

これが、組合側によって「争議行為の刑事罰からの解放」と受け止められた。鈴木が地方課長になった昭和46年の佐賀県教組事件、都教組事件（行政）のいずれの裁判でも、当局側が負ける事態にいたった。

「日教組は、この2つの行政判決で『行政罰からの解放』も実現したとし、また、スト権奪還も射程内に入ったとして、大々的な宣伝をしました。めったに動じることのない岩間英太郎・初等中等教育局長が『これでリャンハン（麻雀で2得点されること）だな』と厳しい口調で話していたことを覚えています」

各県の教育委員会からはこれらの判決に対する文部省の姿勢についての確認や問い合わせが殺到する。地方課を「突き上げる」ような意見も寄せられた。

◇「厳しく取り締まれ」と奥野大臣

この状況を転換するきっかけになったのが昭和48年4月25日、最高裁大法廷の「全農林警職法事件」判決である。

全農林（全農林労働組合）は、昭和33年に警察官職務執行法改正案が国会に上程された際、所属長の承認なしに正午出勤するなど労働争議のあおり行為（時限ストライキ）を行なった。

最高裁はこの被告人らの上告を棄却し、「労働基本権の保障は公務員にも及ぶが、それを制限する国家公務員法の争議行為の一律禁止規定は、憲法18条、28条に違反しない」と初の判断を示した。

ところが、この判決の2日後、日教組などの半日ストが実施され、鈴木らはその対応に追われる。日教組が初めて春闘に参加し、公務員共闘のスケジュール闘争の一環として実施した大規模ストであり、翌49年には、これを上回る「全一日」のストを計画していた。

「いまでも覚えています。ときの文部大臣は奥野誠亮先生で、『厳しく取り締まれ』と発破をかけられました」

文部省は奥野大臣の談話を載せた広報約80万部を印刷して、全国の教員に配るよう手配したほか、「官房の英断」で日刊紙の広告誌面に大臣談話を初めて掲載した。この種のものの先駆けとなり、国鉄などでも採用することになるが、予想もしないほどの反響があったという。

「奥野さんは気骨のある人で、組織の内部資料などから『日教組は社会革命を志向している団体である』という資料を我々につくらせ、それをもとに国会でも論陣を張ったものです」

こうした経緯にもかかわらず、日教組は49年には予告通り、最大規模となる一日ストに突入し、当時の委員長、槙枝元文ら21人の逮捕者を出した。

しかし、この一日ストの直後から日教組内部で、ストライキのあり方をめぐる対立が深まり、49年秋、翌年春のストライキは中止することを決めた。

日教組への教職員の加入率をみても、昭和33年には全体で86・3％だったものが、49年には55・6％にまで低下している。新規採用の教職員の加入率も51・2％

となった。

やがて昭和52（１９７７）年には新採加入率が50％を切り、60年には全体加入率が50％を下回る。教職員のストライキに対する世論の厳しさもあって、日教組の闘争力は弱まっていく。

◇ジュネーブILOへ３度出張

こうした激務のなかで唯一、「日常の変化」をもたらしたのは昭和48年５～６月、11月、49年２月の３度にわたるスイス・ジュネーブへの出張であったらしい。ただこの出張も、国内問題を国際舞台に持ち出すことで突破口を見出そうとする労働界のＩＬＯ提訴戦術に対応するものである。

出張期間は長いときで１カ月ということもあったが、「６月を除いては気候の悪いジュネーブで体調を整えるのも容易ではなかった」。

ＩＬＯ問題は46年の国労（国鉄労働組合）、動労（同動力車労働組合）の提訴に始まり、48年には日教組、日高教（日本高等学校教職員組合）など14団体の大量提訴があり、総評の大提訴団がジュネーブに送り込まれた。

鈴木ら各省庁から集まった労働担当者は、ジュネーブ国際機関日本政府代表部の大使を中心に、合宿のような生活を繰り返して論陣を張った。

「長期になると、東京の家族と絵ハガキのやり取りをし、ジュネーブの旧市街の有名レストランで、ラクレットやチーズのフォンデュを楽しんだことを思い出すくらいで、あとはレポート分析などに集中しました。ただ、皆で額を突き合わせて反論をまとめた日々は懐かしく思い出されます」

当時の各省担当者とのつき合いは、「エビアン会」として今日まで続いている。

鈴木の滞在時の争点は、日高教の文部省との中央交渉問題だった。提訴内容は、日教組のそれとほとんど同じで、①ストライキ参加者に対する懲戒処分、②当局側からする反組合的行為、②団体交渉の拒否問題の3つであった。

政府側の主張は「文部省と日高教との間には使用者対被使用者という労使関係はない。形式的にばかりか、実質的にも日高教の組合員であり地方公務員である教員の勤務条件を決定する権限は、地方公共団体に属す」というものであり、

ＩＬＯの場でも「政治ストやスケジュール闘争ストが結社の自由の原則を逸脱する」という指摘がなされた。

さらに文部省との中央交渉についても、「日高教の組合員と文部省の間に労使関係がない以上、日高教のいう中央交渉はあり得ない」という日本政府の見解を完全に支持したものであった。

これにより4年間にわたるＩＬＯ提訴問題もすべて幕が下りたと考えて、鈴木らは帰国の途についた。

ところが帰国してみると、総評の評価がまったく的外れであることに愕然とする。49年2月28日付朝日新聞には、「日高教と文部省の団交については、交渉でとりあげる事項を制限している政府に注意を喚起しており、基本的には中央・地方での交渉に政府が誠意を示すべきだと指摘している」との見解が載っていた。

「驚くべき牽強付会というほかありませんでした。ＩＬＯ問題とは何であったのか。事実を曲げて、自分たちに有利に生かすことしか考えていない。ただむなしさが残ったのです。ＩＬＯ側も、提訴者の真意が国際機関の利用にあることを知らされる結果になったと思います」。鈴木はそう総括する。

◇「期待される人間像」に改革の光

鈴木の地方課長時代は労働問題に終始したが、この時期には日本の教育改革の流れの原点となる中教審答申が出されている。すでに触れた「期待される人間像」を含む答申と同じ昭和46年だったことから、「四六答申」と呼ばれる。

この答申は「国家・社会の未来をかけた第三の教育改革に真剣に取り組むべきとき」であるとし、明治の学制改革、そして戦後教育改革につぐ教育改革の必要性を訴えることから説き起こされる。

高校進学率が90％を超え、その多くが大学まで進学する。こうした高等教育の大衆化時代における教育制度のあり方全体を提言したものといわれた。

学校教育は「量の増大」に伴う「質の変化」にいかに対応するかという問題に直面しており、「敗戦という特殊な事情のもとに学制改革を急激に推し進めたことによる混乱やひずみも残っている」と指摘した。

この「混乱やひずみ」について答申は、「人間は本来国家・社会を離れて生きるものではなく、個性の伸張や想像力の発揮も、その文化の伝統の上にはじめて達成されるものである。このことを軽視すれば、文化の断絶と混乱を拡大する結果となる」と指摘していた。

さらに「戦前、国が学校教育の内容に深く関与したことが国民の考え方を偏狭な国家主義に導いたとして、教育行政の役割を外的な教育条件の整備や単なる指導助言だけにとどめるべきだという一部の教育学者らの考え方が反映していた」とし、その姿勢を転換して「標準的な内容・程度の教育」をすべての国民に保障することが責務になっていると強調した。

「四六答申」の正式名称は、「今後における学校教育の総合的な拡充整備のための基本的施策について」であり、首相の中曽根康弘の主導で戦後教育の総決算として昭和59（１９８４）年設置された臨時教育審議会、さらにはそれ以降の教育改革の考え方の流れをつくったとされる。

教育の「多様化」や「個性化」を求める文言も登場した。工業化社会における産業構造に適した人材配分を進めるうえでも、学校制度の多様化が急務となっていた。経済予測を踏まえ、多様なデータ資料に基づいてなされた初めての提言という点も注目された。

しかしこの「四六答申」から2年後の昭和48年、第一次石油ショックに見舞われ、インフレ・不況が、答申の経済成長予測とはまったく異なったものとなった。それが税収にも如実に反映し、予定されていた教育改革の案件もことごとく実現困難となり、答申の具体的提言も立ち消えになったと評される。

○外交圧力から「教科書検定」守り抜く

昭和57（1982）年夏の歴史教科書問題は、鈴木の文部省勤務のなかで特筆すべきトピックスである。しかし同時に、一つ対応を誤れば、「日本のそれまでの教育行政」の基盤が崩壊しかねない最大の危機でもあった。

〝ミスター文部省〟の異名をとるのも、文部省の担当記者や外務省、国会との折衝で「火だるま」のようになり、なんとか持ちこたえていた指揮官の孤独な姿からなのである。

鈴木自身、「いま考えても、あれほどインタビューを受け、新聞・雑誌に寄稿したり、講演したりしたテーマはありません」と振り返る。

まず、歴史教科書が中国、韓国との外交問題に発展し、国内に教科書検定をめぐる論争が巻き起こる。さらに、中韓の圧力に負けた外務省の意向で、政府が「近隣諸国条項」という妥協案で収拾を図るという外交上の大きな禍根を残した。

このことが、その後の歴史教科書を大きく歪める結果を生む。

問題処理の責任者として奔走した鈴木はいまでも、「責任を感じている」と語る。しかし一方、文部省の立場から「教科書の検定制度の基本を崩さない」との一貫した方針で対応し、その点は成し遂げられたとの自負もある。

「鈴木でなければ、あのギリギリの線でまとめることはできなかった」という見方が、〝ミスター文部省〟の名にもつながる。

ただ、悔やまれるのは、この問題がそもそも「なかったことを、ある」とした新聞やテレビの「誤報」が発端だったことである。まず、この問題が「事件」にまで拡大していく経緯と、鈴木らの対応を追ってみよう。

◇中国、韓国の顔色うかがう外務省

初等中等教育局長に就任したのは57年7月9日である。

鈴木は「あの年の教科書問題はどういうわけか、26日に縁があった」と述懐するのだが、局長に就任する直前の6月26日付新聞各紙に、前年度の検定結果のニュースが掲載された。月末の26日を狙うかのように、毎月押し寄せる大きな波がこの騒動の特徴だったが、鈴木が局長に就任する前に、そのタネはまかれていた。

朝日新聞は1面で、「教科書さらに『戦前』復権へ」「『侵略』表現薄める」と報じ、社会面では、検定前と検定後の記述を比較する表で、「日本軍が華北を侵略すると……」の「侵略」が「進出」に変わったとした。

毎日は「教科書統制、一段と強化」「中国『侵略』は『進出』に」、読売や産経もほぼ同じような見出しで報じた。

この報道の翌々日、早くも、中国の新華社通信が「文部省の検定は、中国侵略を粉飾するため歴史を歪曲したという声が強い」と短く報じ、7月に入ると中国共産党機関紙『人民日報』が「日本の検定制度によって歴史の真相は歪曲され、侵略戦争を遂行した日本軍国主義が美化され、世論から批判されている」という記事を掲載した。

日本の新聞でも大きく紹介され、社会党（当時）議員、土井たか子が7月9日の衆院外務委員会で、「歴史を歪曲したり、過去の過ちを美化したりすることは外交的にも問題がある。日中友好親善を唱える外務省は、文部省にモノ申すべきではないか」と追及した。

国会質疑に刺激を受けたかのように、初めは日本の新聞が書いている内容を比較的穏やかに報じていた中国内で教科書検定への批判が始まる。

人民日報は「教訓はしっかり記憶すべきだ」と題する論評を掲載し、南京大虐殺、華北侵略、満州事変の検定例をあげ、「こうした歴史改竄（かいざん）は中国人民の大きな憤激を招かざるを得ない」と食ってかかった。

この論評を契機として検定の批判キャンペーンが拡大する。中国の批判に連動し、韓国のマスコミも教科書検定を取り上げ、「過去の軍国主義、植民地主義を合理化し、歴史を美化するもの」という批判を繰り返すようになった。

すると2度目の「26日」、つまり7月26日夜、中国の第一アジア局長が在北京日本大使館の公使を呼び、「日本の歴史教科書の記述について修正を希望する」と正式に申し入れてきた。

申し入れの内容は、外務省から連絡があった。そこで鈴木は「小川平二文部大臣と相談して、よく説明すればわかるはず」と、自ら教科書検定について事情説明の記者会見を開いた。

会見のポイントは、①日本の検定制度は、民間が発行する学校用の図書が教科書にふさわしいかどうかを政府の諮問機関（教科用図書検定調査審議会）が審査するもので、文部省が記述の仕方まで指示するものではない、②文部省としては、教科書の記述が客観的かつ公正なものとなるよう最善の努力を払っており、中国政府の意見には謙虚に耳を傾けて検定に当たりたい、に集約できる。

外務省は、当時の首相、鈴木善幸が9月に中国を訪問するという外交日程があることを懸念した。その直前には文部大臣、小川の訪中もある。「それまでに、この問題を解決したい」という焦りが広がる。

鈴木は外務省と相談して7月29日、東京に駐在する中国公使、翌日には韓国公使に会って説明した。

日本の検定の性格を詳しく説きながら、「侵略」が「進出」と書きかえられた事実はないことを現物の教科書まで渡して理解を求めたが、中国の公使は「文部省の説明は、責任を民間に転嫁するもの」と不満を表明した。

一方の国会は、戦後2番目の長期にわたる延長国会で、衆院・参院の文教委員会や外務委員会が開かれ、鈴木らは毎日のように呼ばれて質問を受ける。

「事実は事実なのだから、侵略を進出に変えさせるような検定はけしからん、すぐ直すべきだ」。国会でも、そうした趣旨の意見が大勢だった。

8月に入ると、中国側が小川の9月訪中を断ってきた。およそ外交儀礼に反した対応である。日本としては再度、中国、韓国に対して、それぞれ駐在の日本大使を通して説明を試みたものの、両国とも教科書を正すことを要求する姿勢を崩さなかった。

鈴木によると、文部省としては、根気よく説明を続ければ国民世論も落ち着いてくるだろうし、事実関係もはっきりしているので、あくまで誠実に対応していこうという方針だった。

ところが、外務省から「北京に説明に行きたい」という要請が入る。しばらく両省のやりとりが続いたが、結局、外務省の情報文化局長と文部省の学術国際局長を派遣することになる。

「これも私としては、心外なことでした」と鈴木は鋭い眼差しを見せた。

そして3度目、8月26日がやってくる。

8月に入り、自民党の文教部会と文教制度調査会の合同会議が開かれた。教科書修正の是非をめぐって賛否は真二つに割れた。その翌日、自民党外交部会が開かれ、ここでも教科書の修正の可否で意見が分かれた。

国会での文部省に対する非難の声は一段と高まり、教科書修正を求める大合唱の様相を呈するまでになる。

「修正要求」では当初、文部省の考えに理解を示していた外務省も、中国、韓国側の態度が硬化するとともに、「教科書問題で戦後営々と築いてきた中国と日本の友好親善関係を崩壊させることはできない」と言い始める。

そこで文部省側は、「すでに検定を終えた教科書を直ちに修正することはできないが、3年後に予定している教科書改定でアジア近隣諸国との友好親善の精神が教科書に適切に反映されるよう検定調査審議会に諮って改善措置をとる」との案を提示した。

外務省は同意せず、首相官邸に働きかけて、教科書を早期に修正する方向で決着を図るように動いた。

結局、文部省は外務省の求めに対して、3年ごとに実施される改訂検定（部分書き換え）の周期を1年早めて、2年後にするという譲歩案を示した。これなら、検定制度の枠内でなんとか可能との判断だった。

しかし、外務省はなお「1年が可能なら、なぜ2年繰り上げができないのか」と食い下がる。改訂検定には、1年前に対象科目の告示が必要であるという検定制度の仕組みをまったく理解していないかのようだった。

結局、首相の鈴木は記者会見で、「検定制度は守る」としながら、「中国、韓国の納得できる形で処理したい」と、記述変更で決着を図る意向を示した。改訂検定の時期では、大臣、次官はじめ文部省幹部らが辞任してでも抵抗するとの意思を示したこともあって、「1年繰り上げ」で決着をみる。

そして8月26日、そうした日本政府の見解を盛り込んで、宮沢喜一の官房長官談話が発表され、中国、韓国両政府に伝達された。

談話では、①日韓共同コミュニケ、日中共同声明で示した日本の過去に対する反省の認識に変化はない、②教科書の記述については中韓の批判に十分耳を傾けて政府の責任において是正する、③検定調査審議会の議を経て検定基準を改め、前記の趣旨が十分実現するよう配慮する、との対応策が示された。

しかし、これには文部省にとって承服しがたい文言が含まれていた。

「政府の責任において『是正』するという表現です。宮沢官房長官は、あくまで教科書をより良いものに改めるという趣旨であるとし、検定審議会に諮って基準をつくるといった具体策が書かれたわけですが、この『是正』という表現そのものが問題となって議論されたのです」

文部省は「是正」という字句を「改善」に改めるよう最後まで主張したが、採用されなかったのである。

この官房長官談話によって、４番目の「26日」である９月26日の首相、鈴木の中国訪問は実現する。しかし、日本側は中国、韓国との外交のうえで大きな弱点を抱えることになった。

この年の11月、検定審議会は、談話での中韓両国との約束を果たすかのように、社会科の検定基準に近隣諸国との友好・親善に配慮した新たな一項目を設けること、56年度検定の高校教科書の改訂検定は１年繰り上げて58年度に実施する、という答申をまとめ、文部大臣に提出した。

新検定基準の文言は「わが国と近隣諸国との間の近現代の歴史的事象の扱いに当たっては、国際理解と国際協調の見地から必要な配慮がなされていることとする」というもので、のちに「近隣諸国条項」と呼ばれる。

◇的確判断で「初中局に鈴木あり」

「いったん検定に合格した教科書の記述を、外部からの圧力によって書き換えれば検定制度の崩壊につながる」。教科書問題で鈴木は、文部省としてのこの基本姿勢を貫き通した。

政府が中国、韓国に譲歩する官房長官談話をだした時点で「文部省の敗北」とする見解もあった。だが、鈴木は「すぐに『侵略』に書き直せといった意見が渦巻くなかで、検定制度の枠を守ることができた」と考えている。

「鈴木でなければ、そうはいかなかった」という見方も少なくない。

時事通信社発行の『内外教育』（昭和57年10月5日号）は「目配りのきいた仕事ぶり、的確な判断はつとに有名で、早くから『初等中等教育局に鈴木あり』といわれてきた」と評価していた。

官房長官談話に沿って設けられた「近隣諸国条項」によって、その後、歴史教科書が自虐的な色を強めていく。

しかし、「もし、鈴木のように毅然とした態度で対応していけば、その後の歴史は変わっただろう」（元文部省幹部）という声すら聞かれる。

この事件を経て、鈴木は「タカ派」と呼ばれることもあるが、家永裁判から以降、教科書検定について「国家権力が教科書を一定方向に導くもの」との予断をもって議論されることが増えたなかで、そうした勢力と対決することは国民の教育を預かるものとして当然の責務と思われた。

ただ残念なのは、検定制度への批判が外交問題にまで発展したきっかけが新聞やテレビの「誤報」から始まったことである。各社とも「（昭和56年度検定で）日本軍の中国・華北への『侵略』が『進出』と書き換えられた」と報じたが、実際にはその事実はなかった。

なぜ、事実でないものが各社の共通の報道として独り歩きすることになったのか。雑誌『正論』（平成13年6月号）に産経新聞論説委員（当時）、石川水穂が寄稿した「『世紀の大誤報』の真実」から拾ってみよう。

当時、文部省の記者クラブ（文部記者会）では、手間のかかる教科書取材については「各社分担・持ち寄り制」という数年来の慣行があった。56年度の検定に合格し、58年度から使われる教科書の見本本が配られたが、その総点数は593点にのぼった。

このうち高校の日本史と世界史各10点、地理4点、倫理3点、政治経済5点と国語について、「検定前の記述にどんな検定意見がつき、検定後どう変わったか」を各社が分担して取材することになった。

その結果を持ち寄った検討会で、実教出版の「世界史」を担当した日本テレビの記者が「『日本軍が華北に侵略すると……』という記述が、検定で『日本軍が華北に進出すると……』に変わった」と報告した。

これをもとに各社が「侵略→進出」と一斉に報道したのだった。

「実は、文部省は早い段階から、華北侵略が華北進出に改められた検定事例は見当たらない、と何度もアピールしていたのに、どこの社も取り上げようとしなかった」と証言する文部省幹部は少なくない。

例えば、中国で大きく報道されはじめた昭和57年7月上旬、教科書検定課長の藤村和男は、新聞記者に「侵略」が「進出」に改まったという検定の該当例は見当たらないことを伝えている、という。

鈴木も7月29日の参院文教委員会で、同じ趣旨の答弁をしている。同じ日の衆院内閣委員会でも藤村が同様に答え、鈴木もさらに30日の衆院文教委員会で、同じ答弁を繰り返している。

なぜこの時点で新聞各社は、自らの報道内容を再チェックしなかったのか。いったん走り出したら止まらないのがマスメディアであり、自ら言い出した流れに反するものには目もくれない。

その一例は、事実検証のないまま長年つづけられた朝日新聞の慰安婦報道である。まさに教科書を、あるイデオロギーに沿った形で料理したくてしようがない「偏向記者」たちの本音がのぞく、と言うべきかもしれない。

こうした欺瞞を世間が知るのは、9月2日発売の文藝春秋のオピニオン誌『諸君!』10月号の渡部昇一(当時・上智大学教授)の論文だった。

渡部は「萬犬虚に吠えた教科書問題」とのタイトルで、「『侵略』を『進出』に書き換えた?! そんな例は今回の検定では一つもないではないか。それをあるかのごとくに報じて、隣邦諸国を憤激させ、国民を惑わせた元凶は誰だ?」と書いた。

このスクープ記事が新聞界に与えた衝撃は大きかった。

まず産経新聞が9月7日付朝刊で、「読者に深くおわびします」という7段の囲み記事を掲載する。

続いて、朝日新聞は9月19日付の社会部長、中川昇三の記事で「一部にせよ、誤りをおかしたことについては、読者におわびしなければなりません」と書いたが、「ことの本質は、文部省の検定の姿勢や検定全体の流れにあるのではないでしょうか」「侵略ということばをできる限り教科書から消していこう、というのが昭和30年ごろからの文部省の一貫した姿勢だったといってよいでしょう」と加えている。

毎日新聞は9月10日付の「デスクの目」で、「当初は、これほどの問題に発展するると予測できず、若干、資料、調査不足により読者に誤った解釈を与える恐れがある部分もあった」「不十分な点は続報で補充しており、一連の報道には確信を持っている」と述べている。

鈴木は「朝日も毎日も、読者への謝罪というより、弁明に近い記事だったことをおぼえている」と回顧する。

あとで分かったことだが、世界史を担当した日本テレビの記者は「侵略から進出に書き換えさせられたということを、執筆者の大学教授から聞いた」というのである。もしも、この大学教授がマスコミをミスリードするために、意識的に誤報を仕掛けていたとすれば……。

当時は、そう考えてもあながち、的外れでない状況があった。

教科書の作成に日教組が深くからんでいたのである。日教組独自の「教科書白書」なるものをつくり、出版関連産業で働く人たちの労働組合の連合体「出版労連」も、文部省より先に検定結果を記者クラブで発表していた。

教科書会社は日教組や出版労連に非常に気をつかい、執筆者もそれに迎合するような文章をつくることがあった。

◇いまだ残る「近隣条項」の足かせ

さて、新聞社の遅きに失した謝罪記事も、歴史教科書に「近隣諸国条項」という足かせがつけられることを阻止することはできず、その後、近隣条項の呪縛をいつまでも引きずることになる。

たとえば今世紀に入っても、平成13（2001）年3月12日の参院予算委員会で民主党（当時）議員、竹村泰子は昭和57年の教科書問題を取り上げて、「侵略を進出と書き直したことによって、アジア諸国から猛烈な批判を浴びたのではないか」と質問した。

これに対し文部科学大臣、町村信孝は「当初、（文部省の検定で）侵略を進出に書き直させられたという報道があった。しかし、誤報だったこと、書き換えた教科書は、その時点ではなかったことが後々判明し、訂正報道がなされた」と答えている。

竹村はメディアの取材に「町村大臣の答弁には驚いた。誤報という話は聞いたことがないので、何が真実であるのか調べてみたい」と語っている。国会議員ですら、この程度の認識でいるのである。多くの日本国民がこの事実を正確に知らされているとはいえない。

産経新聞の元論説委員、石川は「初中局長の鈴木さんや文部事務次官、三角哲生さんが文部省を去ったあと、歴史教科書がどんどん悪くなっていった」と証言する。

「その後の教科書では、旧日本軍の作戦はほとんど『侵略』と書かれるようになります。それに対して、昭和20年8月のソ連による対日参戦は『進撃』と表現されている。『強制』という言葉もあふれ出しました。強制連行とか、日本語強制といった表現です。どれも近隣諸国条項を盾にしていました。その行きついた先が従軍慰安婦で、平成7（1995）年度検定本では、全教科書に一斉に従軍慰安婦の記述が載ったのです」

近隣条項につながる談話を出した当時の官房長官、宮沢喜一は「あの談話でよかったのかどうか。それは後世の判断にまかせるよりない」という感想を漏らしたことがあった、という。

それはどのような懸念だったのか今となっては確認できない。しかし中国や韓国はことあるごとに「歴史認識」のカードを切り、自国の立場を有利に持ち込もうとするようになったことは事実である。

鈴木は「近隣条項が混乱を招いたといわれるが、当時としては、あのような解決しかなかった。官房長官談話も、学習指導要領や学校教育法のなかに国際協調の精神をうたっており、近現代史については、友好の精神、国際協調の精神を妨げないような形で書いてください、と一般的な教育上の配慮を示したものと考えていました。ところがそれが悪用されて、従軍慰安婦まで記述される。中国や韓国の気に入るように書けばいいのだという感じが広がってしまった」と述懐する。

平成25（2013）年4月10日の衆院予算委員会で、首相の安倍晋三は教科書検定制度について「第１次安倍内閣で教育基本法を変え、愛国心と郷土愛を書き込んだが、残念ながら検定基準については、改正基本法の精神が生かされていない」と述べ、「近隣諸国条項」などを見直す考えを示した。

自民党は政権を民主党から奪還した24年の衆院選の公約で「教科書検定基準を抜本的に改善し、近隣諸国条項も見直す」と明記していた。

鈴木は教育に熱心な安倍政権の改革方針について、第１次内閣のときから支持を表明している。「近隣諸国条項」の見直しに踏み込んだ発言があったことで、その意をさらに強くしている。

「近隣条項は、制定過程にマスコミの誤報という瑕疵があったわけで、いずれ見直されなければならない検定基準であると思っていました。ただ、あれほど政治問題になったケースですから、それを正すとなると、再び大きな政治問題になる可能性があります。難しいとは思いますが、いつの日か歴史的な文書になればいいと思いながら、今後も見守りたい」

その亡霊がいつまでも社会を徘徊することは、日本国民にとっても看過することのできない重大事と考えるべきである。

○一国の教育は、美しい「虹」のように

「初中局長に就任したとき、手をつけるべき課題をいろいろ考えたが、教科書問題の嵐のなかにいるうちに、すっかり頭が空っぽになって、なにか〝教科書局長〟として過ごしていた感じでした」

教科書がひと段落した昭和57年10月5日付『内外教育』のインタビューで、鈴木はこうこたえている。

翌58年7月には、文化庁長官に転任する。局長在任はわずか1年ということになったが、鈴木は残された間にも、激しさを増していた校内暴力の対策を次々と打ち出すなど、「『さすが』との評判をとり、『あと1年はぜひ、留任を』という声もあった」（58年7月14日付『教育新聞』）という。

しかし、「教科書局長」として、「普通では考えられないような経験」を重ねるうちに、それまでの自らの考えがある確信に変わっていく。

それは「外交も国益ではあるが、日本の国の教育行政のあり方も、教科書制度も、重要な『国益』ということ」だった。だから「もっと冷静に客観的に、しかも、自分の国に対するある程度の配慮をもって取り上げるべきではないか」。

教科書問題で、日本の歴史を悪しざまに、自虐的に解釈したがるマスコミの在りようを、いやというほど見せられての教訓ともいえた。

鈴木には信念があった。

「国の教育は『虹』のようでなければならない」

「虹」は雨上がりの空にひっそりと浮かび、それを見る人たちに勇気と希望を与えてくれる。国民一人ひとりにとって教育も、そのようであってほしい。

歴史教育も、単に歴史的事実を教えるだけではなく、子供たちが自国に誇りをもてるようにできないものか。「同じ歴史的事実でも、誇りがもてるような教え方があるはずだ」というのである。

日本の戦後教育は、米国の占領軍の敷いた政策をスタート台に進められてきた。戦前の道徳や倫理観のいっさいを「全体主義の元凶」として否定し、国を愛する心をもつことすら、悪いことのように思い込まされてきた。

その戦後体制は、左翼的な大新聞や言論界、日教組などによって積極的に支持された。国民は愛国心や結束力を失い、自分の国を自虐的にみることに慣らされてしまった。

日本人が再び、「虹」のような国の姿をみることはないのか。国民として幸せを感じられるような教育をつくらなければならない。「同じ歴史的事実でも、国民が誇りをもてるような教え方があるはずだ」。この言葉には、鈴木のそうした思いが込められている。

◇千葉OBも「虹」の名で集う

「風虹子」と書いて、「ふうこうし」と読む。鈴木は教育に携わるようになって、この3文字を雅号として使うようになった。「虹」が好きなのだ。

風は自然の象徴であるだろう。日本の自然や郷土を愛し、虹のような未来への希望を抱いて、子供たちの教育を実践したい。

千葉県の教育長を勤め上げ、東京にもどると、千葉県教育委員会の県内8カ所の出張所の所長たちが鈴木を囲むOB会をつくってくれた。その会の名前は「千虹会（せんこうかい）」という。

所長たちは一緒に仕事をするなかで、鈴木の教育理念が「虹」に象徴されていることを知り、千葉の「千」と「虹」の名前をつけてくれた。

「県教委の出張所長は、ほとんどが校長を経験した人たちで、皆さん、優秀だった。難しい問題も、彼らにはずいぶん助けられました。OB会は、節目の年には記念誌をつくるほど長続きした会で、文部省を離れてからも、教育のあり方について いろいろと意見交換したものです」

たとえば、生徒指導がうまくいかないのは、家庭や社会にも問題があるからといった話になる。しかし、教育の専門家である教職員があたかも責任を他に転嫁するような姿勢ではいけない。

「一番肝心なのは、学校が一体となって生徒指導の問題に取り組むことで、その際必要なことは校長さんたちの指導力、信念だ。そんな私の持論をきっかけに、話し合ったこともありました」

家庭が悪い、社会が悪いと抽象的なことを言っても、結局は、その学校の先生と生徒の人間関係、信頼関係が日ごろからできているかどうかに帰着する。鈴木はそう考えて、千葉県でも実践していた。

ＯＢ会のメンバーの一人は「鈴木さんはよく、教職員と話をし、選考試験にも立ち会っていました。『いまの先生たちが昔に比べて劣っているとか、情熱が足りないといったことはない。ただ、事に当たって協力し合うという点が心もとない。学校全体が危機的状況になったとき、そっぽを向くのではなく、力を合わせて解決に向かう気持ちが大切だ』といつも力説していました」と語った。

教育とはつまるところ、人と人との関係に行きつく。子供の成長を信じて教師が真剣に向き合わなければ、授業は中途半端なものになる。教師を信頼できない生徒には、勉強をしようという「やる気」も生まれない。

校内暴力も、教師を「師」とも思わない子供たちの心から生まれる。

そして、信頼に基づく「師弟関係」は、自分たちの国や郷土（コミュニティ）を共に築いて行こうという道徳意識がなければ成立しない。日教組の教育観には、この視点がすっぽり抜け落ちている。

昭和57年10月、秋田市で開かれた「日本教育会」の全国大会の講演で、次のように呼びかけた。

「総理府の世論調査によると、頼りになるのは何かという質問に対して、国家と答えた人はわずかしかいなかった。国家が頼りにならなくては教育も十分行われない。教育の基礎が国家にあることを考えると、日本の国民の間に、これから守るべき価値について、しっかりした考え方が育たなければならない。とくに内外からいろいろ圧力を受ける際に、我々が守っていかなければならないものは何か。これを明らかにしつつ、進んでいかなければならない」

全国の各校長会やPTA関係者の組織での講演ということもあるが、大好きな「虹」を浮かび上がらせるような熱弁である。鈴木は、教科書問題という最大級の「事件」を処理しおえて、たしかに、ある確信に立っていた。

◇日本人の良さに「普遍性」見る

鈴木は教科書問題がようやく一段落すると、奪われた時間をとり戻すかのように校内暴力の対策を次々に打ち出す。

横浜市での中学生による浮浪者殺傷、東京・町田市の中学校教師による生徒刺傷……続発する事件に、どのような背景が隠れているのか。

全国教育長会議を臨時招集し、「中学・高校での校内暴力の発生状況調査」「生徒指導に取り組むための学校運営上の総点検」などを指示した。これにより実態の一部が明るみにでると、「これからの学校教育の責務は、道徳教育の充実にある」と訴えた。

「道徳教育が形骸化しているとの声をよく聞くが、教育委員会に聞くと、そうでもないという。この点では、文部省の指導が足りなかったと反省している。教科だけでなく、〝心の教育〟を進めるためにもぜひ、道徳教育を」

昭和33年から週1時間の「道徳の時間」が設けられたが、学校行事などがあると最初につぶされ、おざなりな授業しかできていなかった。「道徳」は人としてどう生きるかを子供の発展段階に応じて教え、教師もいっしょに考える貴重な時間であるはずだった。

しかし教育環境は1980年代の急速な国際化によって、いっそう複雑化する。「日本人のアイデンティティー」という新たな問題である。

昭和59年、中曽根内閣がつくった臨時教育審議会（臨教審）は、「現在わが国の直面している国際化は『新しい国際化』である」として、明治以来の「追いつき型」近代化の時代の国際化とは異なる時代にふさわしい教育のあり方が議論されていた。

鈴木は文化庁長官を60年3月に退任したあと国立教育研究所長に就任するが、「新しい国際化」のなかで日本人のあるべき姿とはどういうものかを重要なテーマとして、積極的に発言するようになる。

臨教審は、追いつき型時代の「輸入」に偏った国際化から、輸出入バランスのとれた国際化を求め、①広い国際社会に関する認識、異文化と十分に意思疎通のできる語学力や表現力、②それぞれの文化の特殊性と、その底を流れる共通性・普遍性を認識できる日本人としての文化的素養や能力、を身につけるための教育改革を模索していた。

鈴木は昭和63年1月の『弘道』に「臨教審が、国家・民族を基盤とした国際化を重視し、日本人としての教育を忘れていないことは大事なことだが、問題は単純ではない」として、たとえば、教育基本法では、「国家・民族」が欠落したままであり、日本の文化や伝統、皇室のあり方などを学校教育のなかでどう扱うか、という重大な議論が進んでいないことを指摘した。

だが、臨教審は3年にわたる審議を終えており、結局、個性重視教育や生涯学習社会の提言にとどまり、教育基本法改正などの改革を期待していた国民からは、「大山鳴動の尻切れ」と批判されていた。

「臨教審の逆転した発想」にも、鈴木は不満を述べる。

「(臨教審は)日本人としての教育は、国際社会で日本の社会・文化の個性を主張できるようにということであり、まず国際化が前提にある。私はそうではなく、『良き日本人』としての教育が徹底すれば、よき国際人としての資質も育成されると考えるのです。立派な日本人であって初めて、国際社会でも尊敬される。よき日本人という資質の中に、国際社会において通用する普遍性が内在しているはずなのです」

教育基本法の改正までは至らなかったが、しかし、「日本の文化・伝統の問題が、建前論ではなく、教育問題としても基本的な課題として真剣に取り組まなければならない段階にきている」と、鈴木はクギを刺したのである。

鈴木はこのとき、すでに日本弘道会の会長としての活動をスタートしていた。何をなすべきか、その目標は明確に捉えられていた。

第3章

人生の師・野口明の教え

○「陸士」での終戦、疾風怒涛の再出発

ここに、セピア色に変色した一枚の紙がある。「修業成績書」と題された手書きの文書で、鈴木はこれをスクラップ帳のなかに大事に保存している。

昭和22年1月10日の日付。鈴木がその春に仙台の旧制第二高等学校を受験する際の証明書として、「復員庁第一復員局長」の名で出されていた。

文書は、鈴木の「元陸軍航空士官学校第60期生徒」としての成績を証明するものである。

一、思想性格　温順なり
一、健　康　甲
一、識見技能　優
一、参考事項　努力家ニシテ精進ス
一、総合成績　55人中2位

成績書の通り、旧制二高の試験にトップで合格する鈴木だが、こうした証明書が必要だったのは、戦後、母親たちが樺太から帰還するのを待ちながら、三陸の造船所で働いていた。そのブランクがあったからである。

造船所では、大卒の同僚たちと小学校をでた工員たちに勉強を教えている。そうしたこともあり、士官学校当時の成績を維持していたのだろう。

あきらめかけた二高を受験するきっかけは、航空士官学校の同期で、先に二高に進んでいた豊嶋耘三から届いた手紙である。参考書まで同封された友人の誘いに、挑戦してみることに決めたのだ。

士官学校の航空兵科士官候補生は、鈴木ら第60期が最後で、59期と60期の生徒は卒業前に終戦となった。

「60期生は、将校候補として大量に採用されました。予科の1年は、いま自衛隊の駐屯する朝霞（埼玉県）で、語学や気象学などを含む学科を学びながら訓練を受け、そのあと現在の入間基地がある豊岡（同）の航空士官学校に進んだのです。訓練の厳しさは予科とは段違いで、『決死敢闘演習』などといったすさまじいものもありました」

鈴木は、一種の模擬戦を想定した棒倒しで鎖骨を折り、陸軍病院に入院したことがある。しかし、入院中は栄養のある食事がとれるようになり、栄養不足だった体調が回復するといった経験もしている。

「ドイツ機を国産化した『ユングマン』という練習機で操縦を習ったあと、私は重爆撃機の要員になります。驚きましたが、それもつかの間、本格的な演習をするために満州に向かおうとした矢先に、終戦となったのです」

満州行き輸送船の出港を待っていた舞鶴（福井県）で、米国の戦闘機グラマンの襲撃を受ける。このとき何人か戦友が死傷している。

「やむなく、福知山（京都府）の連隊に撤収して、塹壕を掘る作業をしているときに玉音放送を聞きました」

戦友たちは、それぞれ故郷に戻っていくが、鈴木にとって「故郷」であった樺太はソ連によって占領され、家族たちの情報は何日しても入ってこなかった。

当面は岩手の母親の実家に落ち着くことに決め、東北に向かう途中、予科時代の区隊長だった白鳥正を佐原（千葉県）に訪ねている。

「白鳥さんが自宅の裏の田んぼで採ったタニシをごちそうになりながら、その後の生き方について教示を受けました」。何もかも失い、どう進めばいいのか皆目見当がつかない不安な日々であった。

◇厳しい自然環境に鍛えられた

鈴木は同じ年代のなかでは身長もあり、大柄に見える。だが、「少年時代は体が弱かった」という。

樺太の大泊中学校での教練や行軍といった軍事訓練によって徐々に体力がつき、悪戦苦闘しながら自らを鍛えた日々が「国を守る」という任務を負うことへの自信につながっていた。

地元の村立相浜小学校を卒業する。当時の住所でいえば「樺太庁栄浜郡栄浜村」である。首席の成績で、卒業式は答辞を読んだ。

樺太には大泊、豊原、真岡という3カ所の市街地があったが、「官立」の中学校も、その3カ所にしかなかった。この中でも、最も自宅から遠い大泊中学を選んだのはそこに知人の家があり、下宿させてもらえるからだった。

大泊は、陸海の物産を扱う市場のある「商業の町」として繁栄し、人口も最も多かった。

3都市のなかでは最も南の、北海道に近い位置にある。それでも気象条件は北海道よりも厳しい。入植した人たちの農村での生活は困難を伴い、失意のうちに去っていく人たちも少なくなかった。

相浜小学校は3学年複式で教室は2つ、わずか2人の先生が100人ほどの子供たちを教えていた。

ある日、森の中に猟にいった年寄りが熊に襲われ、ケガをして通りかかる。それを窓から見ていた子供たちがぞろぞろと、年寄りの家まで着いていく。そんな僻地校だった。

「ほかに中学に進む者はいません。校長のすすめで6年生の冬に、担任の渡部勇雄先生に補習をしていただきました。新婚だった先生は職員室の隣の部屋に住んでおられたのです。その成果もあって合格しましたが、藤吉と呼ばれていた郵便配達のオジさんがスキーで、合格電報を届けてくれた時のよろこびは今も忘れられません」

担任の渡部は戦後、北海道で道議会議員として活躍し、やがて勲四等の叙勲をうける。鈴木は妻とともに、上京した渡部の祝いの宴を設けた。

「四十数年ぶりに再会した恩師の第一声が『大きくなったねえ』だった。おかしかったね。小学校当時のチビの姿が、先生の胸にそのまま残っていたのでしょう。食料事情も貧しかったのです。大泊の中学で家庭教師として下宿したのが白岩さんというお金持ちの家で、栄養状態がやや回復したのを記憶しています」

大泊中学に入学したのが日中戦争の始まった昭和12（1937）年で、5年生のときに太平洋戦争が始まる。

足にゲートルを巻き、冬はスキーでの登下校である。明治末に旧兵舎を改造した丸太づくりの校舎で、敷地は日本一といわれるほど広かった。農場もあり、そこでは11頭の乳牛を飼い、じゃがいもを量産していた。

この成果が認められ、17年秋には宮中から「おほめ」の使者が訪れている。

中学に入学した鈴木が最も苦手にしていたのは「体育」だった。

「鉄棒の尻上がりができず、ブラッとぶら下がったままなので、先生から『天然記念物』というあだ名を頂戴しました。一念発起して、弓道部に入って胸を鍛えることにしました。麦わらを的にして練習していると、『弓は丹田（たんでん）で引くものだ』と、下腹を鍛えるよう瓜田友衛校長に教えられました」

しかし次第に、弓の腕をあげると、教練の一つである射撃も得意になっていた。官立3中学の対抗射撃大会には代表選手に選ばれている。

後年、こんなエピソードもあった。教育長として赴任した千葉県で県立匝瑳高校を視察した折、新設の弓道場に案内され、「思わず弓を引いて、生徒を驚かせた」という。

中学の交友会誌に寄せた「戦時下の青春の思い出」には、当時の恩師や友人との交流が生き生きと描かれている。

「雪の朝、上半身裸でスキーで滑り降りてくる人を見た。星野新一郎先生だった。先生は近くの下宿に居られ、北沢典男君も下宿していたので、よく遊びに行った。引っ越されるときに手伝いをして、エブリマンズ・ライブラリイのクリスマスキャロルを頂いたが、5年生の頃よく一緒に遊んだ小林十郎君、若林宏君と古本を売って旅行をしようと企て、この本も売ってしまった。あとで星野先生がスキーで遭難されたのを聞き、申し訳ないことをしたと思った」

「小林君は早稲田に入って小説を書いて、私に原稿の束を送ってきた。若林君は北海道の中学校長をしていたころ、私の千葉県教育長の公舎に突然訪ねてきたことがある。いまは2人とも鬼籍に入っている」

体育の苦手な少年も、「幾何や地歴」といった学科では実力をみせた。「とくに幾何は、補助線の引き方を先生にほめられたこともあって、ますます好きになりました。『ほめること』の大切さと言われます。後々、教育行政を担うようになっても、中学時代の話を引き合いにだすこともありました」という。

そんな「ほめ上手」の教員、歴史の速見雄吉はのちに長崎県の教育長となり、同じ教育長仲間として旧交を温めるという奇遇を得てもいる。

少年時代の交わりは長く続くもの、途中で途絶えるもの、さまざまだが、鈴木はそれらを大切な思い出として、いろいろなところで話したり、書いたりして残そうとしてきた。

それは「故郷」だった樺太がいまは他国の領土となり、帰りたくても帰れない土地になっていることと関係があるのだろうか。

「国破れて山河あり」という中国の詩人、杜甫の名句がある。しかし、鈴木にとって国が敗れるということは、「山河（故郷）」を失うことであった。

◇「母校が次々になくなる」宿命

鈴木は「時代の運命」ということを考える。

相浜小も大泊中も、陸軍の予科士官学校・航空士官学校も、母校が次々になくなる。ようやく入学できた旧制二高でも「最後の生徒」であり、学制改革による廃止を目の当たりにした。

「中学時代の写真は、母が引き揚げのときに、アルバムからはがして持ってきてくれた数葉しかありません」

しかし、その「運命」を嘆くだけの人生を送ることは、絶対にすまいと考えていた。戦争には敗れても、日本には悠久の歴史があり、幾多の「国難」を克服して国の姿を維持してきたという矜持がある。それが日本人の「アイデンティティー」というものでなければならない。

今でも、入学試験を受けた大泊中学の大講堂の正面に、文天祥の作といわれる「忠」と「孝」の拓本の大文字が掲げられていたことが思い出される。「そのとき、さすがは中学校と身が引きしまる思いだったのです」

もちろん、教育勅語の教え、心得を説くためのものであっただろう。しかし、この二文字が象徴するのは「思いやりや正義」の心であり、「日本の伝統や文化」を支えてもきたバックボーンなのである。

「修身はけしからん」と捨て去る。では、日本人の心を育てる「道徳教育」をなくしてしまっていいのか。

「不易流行」という言葉がある。教育も同様に考えるべきだろう。

「時代の変化とともに変化させる必要があるもの」(流行)と「時代を超えて価値のあるもの」(不易)がある。そのことを忘れてはならない。

流行は確かに見えやすい。「不易」はなかなか捉えがたく、忘れがちである。

鈴木は、「戦前の価値を全否定することで、戦後の教育が忘れてきたものの大きさ、大切さ」を思うのである。

たとえば、貝原益軒の「和俗童子訓」を引いて、次のように指摘する。

「古語に『凡小児を安からしむるには、三分の飢と寒とをおぶべし』といえり。三分とは十の内三分を云ふ。此意は、少しは飢し、少しは冷やすがよしとなり。是古人小児を保つの良法なり」

「飢寒三分」、古くからの中国の育児や健康長寿の教えとされる。益軒は「小児を育てるには、少し腹をすかすように、少し冷たいと感じるようにするのがいい。おいしい食物を腹いっぱい食べさせ、厚着をさせて暖め過ぎるのは大きな禍になる」と論じる。

教育もそうであるべきだろう。「学びたいという渇望があり、それが容易に叶えられない環境がある。そのような状況の下で初めて、向学心が育つという効果が期待できるのである」。鈴木はそう考えてきた。

「私たちの世代の日本人の大部分は、ほぼそのような状況下で教育を受け、人となっています。ところが、戦後も30年が過ぎ、世代交代するころから、状況は一変します。国民の大多数が中流という意識を持ち、経済的にも裕福になったころからです」

１９８０年代、高校には90％以上が進み、40％近くが大学まで進学し、子供の教育に熱心な家庭が増えたが、さて、「青少年の学習への意欲」「学問に対する情熱」はどうなっていたか。

どんな田舎の学校でも、立派な建物がつくられ、近代的な教育機器も備えつけられる。一学級の子供の数も減らされ、社会も行政も、「三分の寒」の排除にばかり目が行くようになっていた。だが、その結果は必ずしも、はかばかしいものではないように見える。

「三分の寒」を除いたあとでも、やはり「三分の飢」をどのように子供たちに教えていくか。豊かな社会における教育のパラドクスだろう。問題は、教える教師の情熱であり、それに応える学生の意欲なのである。

旧制二高を受験する前に働いていた造船所で、小学校を出たての見習工たちと寮での生活を共にしながら、時間をつくって教えていたころのことが改めて思い出された。

まともな教材もない、にわか仕立ての教室だったが、そこに集まる少年たちの目はキラキラと輝いていた。

彼らには「腹いっぱい食えるご馳走」も「体を温めるのに十分な衣服」もなかった。しかし、「学びたい」という志だけは旺盛だった。

鈴木が教育というものを考えるうえでの原点が、そこにある。

○「遅れてきた青年」、4つも年下の同級生

大いなる涅槃の如く二高逝く友よ尚志の契り守らむ

旧制二高が戦後の学制改革によって廃校となったとき、野口明が詠んだ句である。「涅槃の如く」消えてしまった。禅による修行を旨とした人らしい「愛する母校」への挽歌である。

野口は明治28（1895）年、愛知県犬山市の旧犬山藩主に仕えた家に生まれた。東京の暁星中学校から仙台の二高文科に進んだ。野球部で活躍し、「正気会」という組織を率いて校風刷新にも熱心だった。

東京帝大を卒業後は「官」の道を志し、文部省や内務省、宮内省に勤務する。宮内大臣の秘書官を経て、侍従として昭和天皇に仕えたこともある。

「学生時代、野球部の名投手として鳴らしただけあって堂々たる体躯で、また

永く宮内省に勤務された経歴からくるその端正な風貌とともに、道を説く人としてこの上ない風格」と『日本弘道会110年史』は伝える。

野口は先輩らの求めに応じて、昭和18（1943）年9月から6年間、二高の校長をつとめる。

鈴木勲は、昭和22年4月からの3年間、二高に在籍し、野口校長の薫陶を受ける。「旧制高校の最後の生徒」であり、3年のときに新制度がスタートする。野口の思いも、それだけ強かったに違いない。

「当時の校長の野口先生にはお世話になり、終生にわたる感化を受けた。大学を卒業して文部省に入ったのも先生のおすすめであり、日本弘道会に入会したのも先生のおすすめである。先生の学恩で今日の私があると思っている」

平成11（1999）年4月15日付で、文部省のあるOB会向けに記した回顧談で述懐している。まさに人生の航路を決めるような出会いであり、その後の交流がここに始まるのである。

しかし、野口にとって校長時代の6年間は「勤労動員、空襲による校舎焼失と移転、終戦、学制改革による二高廃校と最も苦難の時代」である。

「教育のズブの素人の先生は、この幾多の困難を見事に切り抜けられた」(『110年史』）のだが、その苦闘は並大抵のものではなかった。

二高が、仙台市北六番町にあった校舎と明善寮を失うのは終戦直前の20年7月9日夜、米軍による仙台空襲によってである。

やむなく校舎と明善寮は、戦後、廃校となっていた陸軍仙台幼年学校（三神峯の丘）に移転する。

入学した鈴木は、この「三神峯明善寮」に入寮し、待望の高校生活をスタートする。そして、スキーが得意だったこともあって山岳部に入部する。

同期入学で、明善寮、山岳部でともに過ごした産経新聞の元編集委員、澤英武は現在、日本弘道会の理事をつとめるが、初めて顔を合わせた当時の鈴木の印象を鮮烈に覚えている。

「大柄で、すでに大人の風格を備えていました。当然だろうね。私は18歳の少年、鈴木は22歳と、4つも年が違いましたから……。樺太の大泊中学から陸軍航空士官学校で終戦というツワモノと聞いて、むべなるかなと思いました」

しかし、旧制高校のしきたりで、教室でも寮生活でも入学年次の序列が絶対で、年齢は関係なかった。上級生には「さん」をつけ、同級や下級生は呼び捨てにするのが習慣となっていた。

「それで、同期入寮の我々は、遠慮なく『おい、鈴木』と呼ぶことにためらいはなかったが、貫禄が違うのはどうにもならない。学識も違いました。たとえば理科生の私が『ベルヌイの定理』を習って、いい気になっていたら、彼は文科なのに、それも先刻ご承知といった具合でした。陸士時代の蓄積の深さに、舌を巻いた記憶があります」

山岳部の新入生は10人を超えたが、鈴木は最初からリーダーであり、上級生も一目置いていた、という。

旧制高校は3年制で、寮の運営は寮生の自治に任され、2年生の役員が寮生活を仕切る。

寮最大の行事が明善寮の寮祭だった。呼び物は、寮生による演劇と、夜のファイアーストームだった。食糧難の時代で、いまのような寮生によるバザーなど考えられなかったが、二高生による演劇公演だけは、仙台市民から愛されて、市内の女学生にも人気があった。

その年の演目はアルトゥル・シュニッツラーの作品で、主役の「臨終の仮面」を鈴木が演じた。その迫真の演技が評判となり、そのこともあって、2年生になったときの寮生総会で、鈴木はすんなり委員長に選ばれた。

◇山岳部でもリーダーの活躍

「二高生活は、中学とも陸士とも異なり、自由と自治の伝統が強く維持されていました。年少者も、復員の軍服姿の年輩者も、ひとしく同じ人格として遇され、理想的なゲマインシャフト（共同社会）でした」と、鈴木は回顧する。

鈴木は引揚者学生連盟に加わり、仙台の駅頭での引揚者の世話をするボランティアにも参加した。同級生にも、陸士や海軍兵学校からの進学者ばかりか、すでに任官した将校らも交じっており、軍服姿も珍しくなかった。

野口校長には、こんな逸話もある。

終戦翌年、昭和21年春の入学試験ではGHQの指示により、旧軍人籍の学生が入学者の10％を超えてはならない、との制限が設けられた。

22年に、その禁が解けると、野口は、成績がいいのに制限に引っかかった旧軍人たちに手紙を書き、「本来なら、あなたは合格点でした。再度、挑戦すべし」と誘っていた。このことが在校生たちに感動の輪を広げる。


鈴木が2年生の夏に、家族が樺太から引き揚げ、一関市郊外に落ち着いた。高校生活は、寮生活そして山歩きと楽しかったが、手持ちの金がなく、一時は退学まで考えた、という。

高等学校の校長をしていた二高の先輩のところに相談に行くと、「もったいないからやめない方がいい」と止められる。結局、3年間、日本育英会の奨学金を受けるとともに、アルバイトにも精を出し、母親のところに仕送りをしながら、勉学に励むのである。

そうした中でも山岳部では、たびたび山に登った。野口には「山ばかり登っていないで、勉強をしろよ」と声をかけられたこともあったが、山岳部で苦楽を共にした仲間との親交は何ものにも代えがたかった。

昭和55（1980）年、文部省官房長だった鈴木は日経新聞の「交遊抄」に、「陸奥の山登り仲間」というタイトルで寄稿した。

「深刻な食糧難、革新と伝統の厳しい相剋の中での寮生活、東北の深い山々を歩き回った山岳部の生活、旧制二高の最後の卒業生として仙台で送った仲間との生活が、私の人生に今でも深い影を宿している」

そして「山登りの仲間は、浅野晃（共立女子大教授）、村井研一郎（村井薬品社長）、澤英武（産経モスクワ支局長）、千葉幹雄（カナダ農務省主任研究官）、高橋盛雄（住友不動産取締役）で、東北では蔵王や飯豊に登った。村井は盛岡、澤はモスクワ、千葉はオタワで、今では一緒に山登りもできないが、千葉が帰国したり村井が上京すると、集まって山の歌をうたうのが楽しみだ」と書いた。

ただ、山登りは常に危険との隣り合わせでもある。鈴木らも遭難事故を経験している。

澤英武の回想によって、山岳部での生活を振り返ってみる。

最初の遭難は入学した翌月で、2年生の山岳部員が蔵王に単独で登山中に亡くなった。入部したて1年生の鈴木も太い墓碑柱を担いで弔いに参加する。現地で遺体を火葬し、ドイツ語の「戦友」を合唱した。

蔵王は、刈田岳の中腹に「二高山岳会」のヒュッテがある。1年生だった鈴木や澤は、そのヒュッテを利用して、厳冬期の飯豊登山の費用をつくる計画を立てた。夏休みに蔵王登山にくる中学生、高校生たちをヒュッテに泊めて稼ごうというのである。

ヒュッテに沿う渓流にドラム缶の五右衛門風呂を据えることに決める。麓の遠刈田町で、頭部を切ったドラム缶が調達され、刈田岳登山道の大黒天という休憩地点まで運んでもらった。

そこからヒュッテまでは、雑木林の斜面の細い山道だ。この危険な道を、鈴木が背負子（しょいこ）にくくりつけたドラム缶を背負い、30分ほどかけて運んだ。

おかげで、中高生たちに渓流の中の入浴を楽しませることができた。

冬は、このヒュッテでの合宿である。

現在の宮城スキー場はまだ開設しておらず、スキー板にシール（滑り止めのアザラシ皮）を装着し、麓から雪面をラッセル交代しながら登る。中腹の寂々温泉で一泊し、ヒュッテまでひたすら登り続けた。合宿に招いたＯＢの指導者は「スキーは登る道具だ」と言い、その意味を叩き込まれた。

1年部員でスキーの経験者は鈴木と、盛岡の村井研一郎だけだった。残りは全員が初心者で、ＯＢらの誰よりもスキーのうまい鈴木は冬山でも、抜群のリーダーシップを発揮した。

1学期も終わり夏がくると、山岳部恒例の飯豊山の集中登山だった。戦前から二高山岳部には飯豊山から発する数本の沢を遡行して登る伝統があった。昭和22年夏、それが復活した。ＯＢの安藤顕一郎（東北大生）をリーダーに、それぞれの沢を数日かけて登り、山頂に立つのだ。

2年の夏の飯豊集中登山では、実川黒羽沢の遡行に鈴木、大又沢遡行に澤英武がリーダーとなって1年生とともに登頂を果たした。それまでだれも試みなかった黒羽沢遡行は、鈴木による初の快挙となった。

3年の秋、澤は鈴木に誘われて作並温泉近くの鎌倉山に岩登りに出かけた。ようやくザイルの扱いを覚え、ハーケン、カラビナといった補助具を使って岩登り登攀に目覚めていた。鎌倉山の岩壁は手ごろな練習場だった。

順調に登り、トップの鈴木が頂上近くの足場を確保した。しかし、あとに続く澤は岩をつかみ損ねて、宙吊りになってしまった。

「ロープが半回転して眼下に仙山線という鉄道のレールが見えました。何とか岩に取りつき、登頂することができたのですが、これも鈴木の確保がしっかりしていたからで、今の私があるのも鈴木のお陰です」

澤にとっても、鈴木は「命の恩人」らしいのである。

◇「教育者の使命」をテーマに作文

ここに名前の出た安藤顕一郎は、東京芝浦電気（現・東芝）の常務だった昭和

58（１９８３）年、「日経ビジネス」に文部省初等中等教育局長だった鈴木との関係を「マイライバル」として書いている。

「鈴木君をライバル視するのはおこがましいのですが、旧制二高の２年後輩にあたる彼の山にかける情熱、行動力では残念ながら負けてしまいます。東京で昔の仲間が会合を持つときも、彼が中心になって呼びかけ、面倒みがいい。そうでなければ山のパーティをまとめ、皆を引っぱっては行けません」

鈴木の情熱的な行動力、人を引っぱる力はここで確かなものになっていた。この「人間としての資質」に、校長だった野口明の指導が加わり、行動する教育者の姿が彫り込まれるのである。


野口は昭和46年5月、日本弘道会の第7代会長に就任する。その後まもなく会誌『弘道』に「日本よ何処に行くのか」という文章を載せている。

「日本は戦後大きく変わった。しかし敗戦という有史以来の初ものの味は意外に甘かったようである。抑留の辛酸を味わった人以外には深刻さが足りなかった。

このまま茫々と安易行を続けるならば、革命とか亡国とかいう、第二第三の初ものを喫しないと誰が保証しうるか」

このように述べ、「すべては利己主義の産物のように見える」当時の世相を批判した。

そして教育制度について「明治5（1872）年の学制が新日本に貢献したことは大きい。しかし成功の因は、半世紀余の教育行政が、我が国の実力と国情に応じて、欧米の制度を日本化して実施したことにある。ところが現在はいかに。敗戦の翌年できた教育刷新委員会は、同年来朝した米国教育使節団の六・三・三・四制に容易に同調した憾（うら）みがある。もし日本の財力に其の後の幸運なかりせば、今頃は教育の破産、混乱を見たであろう」と述べる。

日本人が国家意識を希薄にしたことも大きい。

明治期の国民は、国家全体のことに強い関心を持っていた。戦後の個人尊重もけっこうだが、同時に、国家尊重の思潮を伴わなければ奇形である。国家意識の回復は、決して反動でも、また単なる郷愁でもなく、新しい文化国家建設への熱源である。

こうした思想が、鈴木の生き方に大きく影響していることはもはや明らかであろう。

戦後の新しい学制によって、旧制高校は廃止された。野口は、戦前のリーダーの育成に大きな貢献のあった教養や知性を鍛え人間としての生き方を磨くその教育に強い愛着を持っていた。

鈴木も、その旧制高校の最後の香気をかぐことで、野口の思いを共有することができたのである。

旧制二高には「荒城の月」の詩人、土井晩翠のような高名な学者も名を連ねていた。同窓会名簿には「土井林吉、明治27年、二高一部文科卒。明治33年から昭和25年まで二高英語教授、詩人号晩翠、文化勲章」とある。

「土井先生も、学制改革で二高が消えるまで、教授職にあったようです。私の在学中はまったく、学校には姿をみせなかったようですが、野口先生は、土井先生が仙台空襲で避難した秋保温泉から届いた手紙を大事にしており、公に発表もしておられます」

「土井先生は手紙の中でしきりに、二高図書館にあった貴重な蔵書、資料が空襲によって焼けたのではないかと心配していますが、野口先生はその図書館の貴重な財産を身を挺して守られたと聞いております。そのご苦労はいかばかりだったか、察するにあまりあります」

そう語る鈴木の目に、涙が浮かんだように見えた。

○野口家の「読書会」で幅広い知識吸収

鈴木が「旧制高校の最後の生徒」として恩師・野口明とともに共有できたものとは、どうようなものだったのか。

世代がもう少し下れば不可能だったであろう、まさに「辛うじて」触れることのできた精神とでも言うべきものである。

旧制高校の教育をどう考えていたか。鈴木は平成14（2002）年5月10日付「内外教育」に「旧制高校の精神」のタイトルで書いている。

この年、鈴木は澤英武ら二高同窓の仲間と台湾を訪問する。話は、台湾の「葉盛吉」という人物をめぐって進む。

葉は日本名・葉山達雄、日本統治時代の台湾の旧台南一中を卒業し、仙台の旧制二高（理科）に進んだ鈴木らの先輩にあたり、司馬遼太郎の『街道をゆく』（台湾紀行編）で「葉盛吉・伝」として出てくる人物である。

葉が二高を卒業したのが昭和20年であり、東京帝大医学部に進んですぐに終戦になる。間もなく、台湾に帰り、台湾大学医学部を卒業し、マラリア研究所に勤務した。

ところが昭和25（1950）年、蔣介石政権下での白色テロによって殺害という非業の死をとげる。わずか27歳の短い人生の「真理を求め、2つの祖国、2つの故郷の間に悩み続ける姿」が共感を広げた。

同行した現地の新聞記者に「先輩というだけで日本からわざわざ墓参にきた理

由」を聞かれ、鈴木は「それには、旧制高校の制度や教育の特色から説明しなければならず、通訳を通して時間をかけて応じた」と書く。

結局、「旧制高校の精神とは何か」というところに集約された。

「それは『志』というものではないか、葉盛吉氏もその『志』に殉じたものであり、親しみと尊敬の念を覚える。私たちが李登輝前総統を表敬したいと望んだのも、旧制台北高校卒業の先輩であり、『志』を共有していると親しみを感ずるからだ」

「では、その『志』とは何か、それは、世の常の名誉や富貴などではなく、国家、社会に役立つ人間となるために学ぶという覚悟のようなものではないか」

この問答に記者はようやく納得し、「後日送られてきた新聞記事にほぼ正確に表現されていた」という。

◇名誉や富貴ではない「志」を共有

旧制二高の校長だった野口は、戦後、新制大学としてスタートしたお茶の水女子大（旧・東京女子高等師範学校）の校長に任じられ、東京に移った。

鈴木は東大法学部に入学しており、野口の家に下宿する。二高同期でやはり東大の医学部生になっていた杉浦昌也もいっしょだった。

野口には３人の娘がいて、長女の民子はすでに警察官僚の土田國保に嫁いでいた。杉浦はのちに、次女の友子と結婚することになるが、その際の仲人を土田夫妻がつとめている。

土田の次男で現在、日本弘道会副会長（早稲田大教授）の土田健次郎は「祖父（野口）は杉浦を気に入ったらしいのです。しかし、直接本人に次女をもらってくれとは言えず、私の父（國保）を通して、杉浦を説得することにしたようです」と語っている。

野口家では月に一度、鈴木や杉浦ら、野口の仙台時代の教え子を中心に読書会が開かれた。野口自身が「みちのく会」と名づけ、20年以上も続いた。

土田健次郎によると、読書会のテキストは、論語、聖書（マタイ伝）、『ソクラテスの弁明』、マルクス・アウレリウスの『自省録』、道元の『正法眼蔵』などと幅広いジャンルで、しかも一筋縄ではいかない難しいものも多かった。

講師役にはギリシャ哲学の専門家らもいて、厳しい原語解釈が披露されるなど、若い学生たちは大いに啓発された。

野口も「通算すると、東西の古典を十余種読んだ。理解するのに骨の折れるものもあったが、多大な恩恵を受けた」と書いている。

健次郎は、父の國保が「香港領事」として海外勤務する3年余の間、兄と2人で父方の母の家に住んだ。学校も、千代田区立番町小学校に転校する。

この祖母の家が、野口の番町の住まいとごく近かったことから、2人とも足しげく母方の祖父である野口の家に通うようになった。

「ですから小学生のときから、鈴木さんはじめ読書会メンバーを知っています。土曜の夜に開かれることが多くて、最後は必ず、いなりとのり巻きの夜食が出て、お茶を飲みながら懇談します。僕たちも、それを食べて、泊まってしまうこともしばしばでした。高校生のころには、読書会の方にも参加するようになっていました」

兄も、すぐ下の弟も、学者の道を歩んでいるが、いずれも「儒教」を専攻する健次郎とは畑が違う。その点でも「祖父の影響があったかもしれない」というが、一方、野口の方でも、儒教精神を核とする日本弘道会の次世代を担う人材として健次郎に期待し、早くから入会させている。

現在、大学教授として授業や学会の仕事をこなすかたわら、副会長として『弘道』には講座「論語入門」を連載、シンポジウムのコーディネーターを務めるなど八面六臂の活躍をみせている。

鈴木自身も、野口家とのこうした縁について触れることがある。

米国のキャロライン・ケネディが駐日大使に就任したときには、コラム「弘道余話」で父の大統領、ジョン・F・ケネディが暗殺された昭和38（1963）年当時のことを回想している。

「野口元会長の次女、三女は大統領が殺される惨劇があったとき、奇しくもそろって米国にいた。友子さんはハーバード大学で研究中の杉浦昌也医博について、三女、春子さんはワシントン郊外のベセスダ研究所にいる木村正己博士について滞米中であり、『弘道』に生々しい現地報告を載せている」

こうした記録をみても、野口家の人たちが家族ぐるみで、いかに日本弘道会の活動を盛り上げようとしてきたかがわかる。

鈴木は言う。「野口先生も入会当初から、無報酬で執筆、講演などをされていましたが、その『志』を家族の皆さんがくみ取っているのです。これを旧制高校の精神と言ってもいいと思います。その精神が象徴する『志』が野口家には脈々と受け継がれているのです」

いま、戦後教育が「忘れたもの」を語るときに、旧制高校が培ったような価値観をあげる人たちが少なくない。

その際、鈴木が台湾の記者に説明したようなこと、「世の常の名誉や富貴などではなく、国家、社会に役立つ人間となるために学ぶという覚悟のようなものではないか」と同じ思いを抱く人たちは少なくないだろう。

鈴木は日本弘道会の会長就任後、平成元（1989）年には日本育英会理事長、4年には全国学校図書館協議会会長の役職についている。文部省を去ったあとも弘道会の活動とともに、こうした組織の長として教育問題、とくに読書の重要性について積極的に発言してきた。

平成14年9月20日付「内外教育」には「昨今の教育問題で世上言いはやされているのは学力低下の問題であるが、それ以上に深刻なのは子供の道徳心の低下である。孫が祖父母を殺すというような人倫にもとる恐るべき事件が頻発している状況を見ながら、道義心の低下を憂えて警鐘を鳴らすような声も聞かれない。道徳教育にも役立ち、学力向上にも有効な方法が手近かにある。それは読書である」と力説した。

この年5月、全国学校図書館協議会などは「子どもの読書活動の推進に関する法律」の施行にあわせて、「あなたの地域の学校図書館には子どもたちの本はきちんと揃っていますか?」という意見広告を全国紙・地方紙に掲載した。

電子機器の普及で、子供たちの読書量が急速に低下していることに「警鐘」を鳴らすため、鈴木のリーダーシップで進めたキャンペーンだった。

「不況に苦しむ出版社などの絶大な協力によって実現した広告を読んでくださった多くの方々から、うれしい大反響がありました」という。

◇「読書こそ教養ある近代人の資格」

「家運は書棚から」——。鈴木は、野口が口癖のようにしていたこの箴言を心に刻んできている。

「もし端的に近代人の資格を挙げよといわれるならば、私は読書、スポーツ、芸術の三者を数える。もし、それを一つに絞れと求められるならば私は躊躇なく読書を挙げる。読書こそ教養ある近代人の資格であり誇りである」

そう始まる「家運は書棚から」（昭和41年『弘道』）には、読書に対する強い思い入れが語られている。

「マスコミの発達で、書物を通さなくても、豊富な知識を吸収できるし、大いに吸収すべきである。しかし古今東西の名著良書を静かに読むときの感激と利益とは、到底マスコミの及ぶところではない。将来といえども、読書の意義は少しも減じないであろう」

そのうえで次のように言う。

「私はかつて教師をしていたので、多くの生徒を持っており、それらの家庭に招かれることも時々ある。すでに大学を出て、10年以上の年輩ゆえ、それぞれりっぱな家庭を持っている。まず感心することは、家庭器具の整備で、冷蔵庫、洗濯機は無論のこと、ステレオ、自家用車まで珍しくない」

「しかし、さびしいことがないわけではない。それは書棚に、せめて百科事典の一種、内外の古典のいくらか、新刊書の少しくらいは欲しいことだ。時々こういう家庭に行くと、亭主も妻君も子供まで立派に見える」

「それはたぶん私の友人や後輩で、書物を愛し読書の習慣を身につけた人々が、多くは大成している事実を知っているからであろう。『家運は書棚から』というのが、私の貧しい経験から生まれた生活感の一つである」

昭和41年は、野口が日本弘道会の副会長になった翌年である。

鈴木は文部省初等中等教育局の教科書管理課長の職にあり、翌42年には千葉県の教育長に赴任している。このとき野口は千葉に人を遣わして、鈴木に日本弘道会の「理事」就任を頼んでいる。

地方に出ても、東京にもどれば必ず、「みちのく会」に出席していた鈴木は弘道会運営のうえで最も頼りになるメンバーの一人に成長していた。

鈴木は文部省で培った人脈を生かして、昭和51年の創立100周年記念式典のメインの講師に、作家の江藤淳（当時・東京工業大教授）を招くことに成功する。会誌『弘道』の内容をグレードアップしたいという野口の要請にもこたえ、次々と新しい執筆者を獲得していた。

鈴木自身も、折々の教育問題について盛んに寄稿する。都立広尾病院院長など要職を歴任するようになる杉浦も、理事として連載企画を担当するようになっていた。

「家運は書棚から」を書いた野口は、鈴木や杉浦の成長した姿に「書物を愛し読書の習慣を身につけ、成功した模範生」をみていたのだろう。

野口は「日本の文化がより立派になるためには、自国の古典と外国東西の古典を十分取り入れる用がある」と口をすっぱくして繰り返した。

「私は中学の5年生のとき、受験準備に英語の個人教授を受けた。そのとき先生が選んでくれたテキストにベンジャミン・フランクリンの自伝があった。語学力にどれだけ効があったかは判らないが、内容からは深い感銘を受けた。私は旧制二高の校長のときに、文科生にはこの本を、理科生にはダーウィンの自叙伝を、ともに岩波文庫で読むことをすすめた」

いずれも、鈴木のいう『志』を体現した偉人であり、こうした人物の人生を古典を通して跡づけることで、自らの進むべき道を見つけようとしたのが旧制高校の理想とする教養主義であった。

日本弘道会の戦後の礎は、そうした旧制高校の残した精神を理想とすることによって築かれ、いまもその理想に向かって前進しつづけている。そのように言っても、そうはずれてはいないと思われる。

○「永遠の二高校長」画集に教え子たちの結束

「戦争中の勤労動員でも、生徒とともに寝食をともにします。生徒とともに野球を楽しみ、ボートを愛し、二高生の心の歌『波の唄』を生徒とともに歌うのです。とにかく、日常の起居を通じての師弟のふれあいを大切にされた」

仙台時代の野口はそのようだったが、戦後もその姿は変わらなかった。

鈴木らは「われわれにとって、野口先生は永遠に二高校長であり、先生が健在でおられる限り、二高はそこに残っている」と信じていた。

「手紙を出すと、必ず美しい淡彩のスケッチ入りのはがきで、懇切丁寧な返事をくださった。だから、卒業してからも先生を囲む輪はますます広がり、直接教えを受けなかった同窓生の間にも、先生のファンが増えていたのです」

野口を慕う人たちにとって、その絵はとくに思い出深いものであり、晩年の画集計画にもつながっていく。日経新聞（昭和55年2月11日）のコラムに「教え子が捧げる野口明画集」の題で鈴木は書いている。

野口は一時、画家を志したことがある。

東京の暁星中学時代に大下謙次郎に洋画を学び、大学時代に光風会に出品した「朝鮮の雨季」で今村奨励賞を受けたほどの腕前だった。

二高には、歴代校長の肖像画を大家に描いてもらう伝統があった。なかでも安井曽太郎の「玉虫先生像」は有名である。

野口も、自分が教えを受けていた画家、金山平三に前任校長の肖像画を頼むため、山形県の疎開先を訪ね、みごとな作品を残している。

しかし、野口自身の肖像画は、学制改革などの混乱にまぎれて、企画されずに終わっていた。

昭和52（1977）年の二高創設90周年を機に、卒業生の間から「肖像画がないなら、かわりに先生の画集を」という提案が出された。

当時、東京には野口を囲む同窓生とその夫人たちの大きな輪ができていた。その中心にいたのが昭和19年卒業以降のグループで、二高の「尚志同窓会」の実質的な幹事役もつとめていた。

鈴木はグループ内で相談し、野口の意向を聞いてみたが、「私の絵は素人の余技、画集を出すなどは僭越なこと」と固辞された。

しかし、すでに80歳を超え、大病手術も受けていた恩師の作品をまとめたいとの教え子たちの思いは募る。

そこで昭和53年、幹事グループは「先生の病が一時癒えたことを祝う企画」として、東京と仙台で近作展を開いた。病をおして出席した野口は、教え子や家族、親しい人たちに囲まれた仙台の個展の会場で、画集刊行の許しを出した。

◇最終の作業まで病室で見届ける

画集が完成するのは昭和54年12月になる。しかし、このとき野口はすでにこの世を去っていた。鈴木らは、霊前にその一冊を備えて完成を報告する。

「最後まで先生が心配された83点の原色図版は見事に刷り上がり、原画の高い品格と光のニュアンスがほぼ再現できていました。喜代子未亡人にお見せすると、『よくできましたね。野口も喜ぶでしょう』と言われ、生前に完成してお目にかけることのできなかった申し訳なさが幾分か救われる思いがしたものです」。そう鈴木は振り返る。

野口は54年9月3日、次女友子の夫、杉浦昌也が勤務する都養育院付属病院で亡くなる。84歳だった。

後任の日本弘道会第8代会長、西村幸二郎は9月9日の告別式での弔辞に、病院に見舞ったときの野口のようすを生き生きと述べている。

「お見舞いに伺いました節、こんどの画集の何度目かの校正刷りをまとめて、女婿の杉浦先生が、一枚、一枚、高くさしあげてお見せになったとき、先生は、鼻の先からズリ落ちかけている眼鏡の上を越して、あのギョロリとした目をむいて、ジーッと、にらみつけながら、『駄目だなぁー、田舎臭いッ』などと、かなり手厳しい」

「杉浦先生が『田舎臭いとは？』とお尋ねになると、『色が濃すぎるのだよ、色が‼　君は長岡の田舎者だから、それがよくわからないのだヨ！』と極めて辛辣。私がビックリして、杉浦先生はと見ると、まるでほめられたかのように、ニコニコ顔。傍らに腰かけておられた奥さまも、ただ嬉しそうに笑っておられる」

「『これではいかん。もう一度刷り直しをさせなさいよ。活版屋もいい勉強になるんだよ』などとつけ加えて、厳しいご検閲は終わりました」と西村はユーモアを交えて語った。野口が画集の出来具合を最後まで、いかに心配していたかがわかるのである。

野口の許しが出て、鈴木らが「野口明画集刊行会」を立ち上げたのが、その年の1月である。発起人は二高同窓生ばかりか、野口がかつて勤務した宮内庁、文部省の関係者らも含め834人にのぼった。

二高同窓の美術史家、三輪福松が顧問となり、野口の代わりに自ら工場に足を運び、念入りに原画と照合する。それを病床に届けた。

病状は悪化の一途をたどり、作品の選定や解説原稿の執筆などはすべて病室で続けられた。鈴木らが、最後の図版を見せるため、病院に行ったのは亡くなるわずか3日前の8月31日、そのとき野口はニッコリとほほ笑んで、「これでできたね」と言った。

「先生は、画集を許可する条件として、『簡素にして分を過ぎぬもの』と言っていました。結局、70年にわたる生涯の作品を自ら選び、解説も自ら筆をとりました。図版校正もすべて見終わって、満足されたときに、先生の心の中では、この画集は完成していたのです」

完成品は間に合わなかったが、鈴木は今でも、そう確信している。

野口は昭和29（1954）年1月、初代のお茶の水女子大学長の職を辞した。その後は一時、白梅学園短期大の学長をつとめたことがあるが、日本弘道会の活動のほかは一切の公職から離れ、もっぱら絵を楽しむ日々となった。

長女、民子の夫、土田國保が領事として香港に駐在していた36年夏、野口は土田夫妻の招きを受けて2カ月にわたって香港に滞在した。このときも異国情緒あふれる絵を何枚か描いており、画集にも収められた。

◇悲劇の当日、野口を出迎えた鈴木

鈴木によると、その野口は、警視庁警務部長となっていた土田の自宅に届いた小包爆弾によって民子を失ってから、なお、いっそう絵に専念するかのように見えた、という。

昭和46年12月18日、土曜日に起きたこの大事件を、鈴木は忘れることができない。

文部省の地方課長だった鈴木はこの日、国会に詰めていたが、惨劇を伝えるテレビニュースですぐに野口の長女宅であることが分かった。

「私は当日、先生が熱海方面に出かけておられることを知っており、お帰りは必ず四谷駅に降りられると判断し、お待ちしていました。駅に着くと、夕刊を数部買って読みながら、かなりの時間待っていると、荷物を手に階段を昇ってくる先生を見つけました」

「『先生、お待ちしておりました』とだけ声をかけましたが、先生は黙ってうなずかれました。私は申し上げる言葉もなく、無言で荷物をお持ちすると、先生は『民子は苦しみましたか。即死でしたか』と訊ねられたのです」

「数社の記事では、爆発と同時のようです、と申し上げると、先生は落ち着いた言葉で、『そうでしたか、それならよかった。数万の職員に代わって逝ったことだろうから、民子も悔いてはいないだろう』とおっしゃいました」

鈴木は涙で声がつまり、返事ができなかった、という。

事件では、活動家らの送りつけた爆弾によって、民子が即死し、そばにいた四男も負傷している。次男の健次郎は2階にいて無事だったが、この日から生活が一変する。すでに早稲田大学の学生になっており、マスコミ対応などでも父親を助けたのである。

そして野口は「絵にいっそう専念されるようになった」。すでに70歳代後半の高齢になっていた野口がこの事件によって大きなショックを受け、より静謐な生活を求めたのだろう。

いま日本弘道会の副会長をつとめる健次郎ら家族にとっても、事件を忘れることなどできるはずはない。

父の國保が亡くなった平成11（２００３）年夏、鈴木は会誌『弘道』に、理事でもあった國保の「追悼特集」を組んだ。

そこには健次郎も、「國保の次男、日本弘道会評議員、早稲田大教授」という当時の肩書で、追悼文を載せている。さらに、國保が民子の17回忌にまとめた手記を編集して掲載する作業を担当した。

そこには事件後の國保の記者会見も織り込まれている。手記にはなかったものを当時の録音テープから原稿におこしたのだ。

「こういった事件はこれで終わりにしてもらいたい、絶対に二度とやってもらいたくないという気持ちでいっぱいです。この凶行をおかした犯人に私は呼びかけたい。君らは卑怯だ」

当時、日本の国民が涙なくしては聞けなかった國保の決然とした叫びを健次郎はテープからよみがえらせ、『弘道』に載せた。

鈴木は追悼特集で偲んだ。

「（土田さんの）防衛大学校長時代の学生に対する講話を収録した2冊の本を頂いておりますが、改めて読み直し、日本の将来、日本の皇室、愛国心についていかに深く考え、全精力を傾けて学生に語りかけられたか、その情熱がそくそくと伝わって参ります。またとない師父として学生に慕われたのも当然でありましょう」

「私も、学生時代に野口先生の読書会でご一緒して以来、親しくしていただき、先生のご長女の民子夫人にもお世話になりました。夫人の17回忌にまとめられた土田さんの手記を本誌に掲載させていただきましたが、長年篋底に置かれた土田さんの心を思い、涙なくして読むことはできませんでした」

野口の家で開いた読書会には、土田夫妻も、健次郎ら子供たちも参加することが多かった。鈴木は土田宅に呼ばれて、民子の手料理をなんどもご馳走になったことがあった。そうしたことが走馬灯のように思い出された。

土田國保と民子の結婚は見合いである。

國保の父親は、旧制成蹊高校の校長をしており、二高校長の野口と親しくなっていた。間もなくその父親は亡くなるが、長崎県の警務課長をしている土田の長男、國保を「娘の婿にしないか」とすすめる友人がいた。

「優秀だと聞いていたし、ことに長崎県警務課長の職は、私も若いときに1年間勤務したことも奇縁と思い、家内や民子にすすめたところ、何も異存はなかった」と國保の手記にはある。

しかし、その見合いの席も話はできず、新婚旅行の途中まで言葉を交わしたこともないという。強引といえばいえなくもない結婚だった。

「民子によれば、結婚の前夜、野口の父は自分の寝床で民子を抱きしめて、『今からでもいい。行きたくなければ、それでもいいのだ』と言っていたという」

それほど、民子を案じていた野口にとっては、絵を描くことで悲しみを癒すしか方法は見つからなかったのだろう。

画集と同時に、鈴木が妻、冨士子と共に編集した『野口明文集』(日本弘道会発行)には、日本弘道会会長として日本人の道義の高揚を求める論稿や、美術論、人生論さらには土井晩翠や金山平三ら先人との交流譚など、多彩な文章が収められた。

文集の「あとがき」を鈴木が書いている。

「先生の『弘道』へのご投稿は、昭和29年10月の『広瀬淡窓を偲ぶ』に始まり、実に25年に及んでいる。年月順の編集にしたのは、その方が、時勢の推移と先生の警世慨言の真意がよく理解できると思われるからである」

「ただし第三部には、『弘道』掲載以外に、先生が深い影響を受けた4人、すなわち、二高時代の恩師、三好愛吉、土井晩翠の両先生、宮内省時代の上司、一木喜徳郎氏、洋画の指導を受けた金山平三氏に関する思い出を追加した。この4人の先輩が持つ教育者的、詩人的、実務家的、かつ芸術家的側面は、渾然として先生の全人格に投影され融合されていると信ずるからである」

この4人が、それぞれ教育者、詩人、実務家、芸術家として野口の血となり肉となっていた。

鈴木にとって、恩師・野口は最後まで、その4つすべての分野で輝く巨大な人格そのものである。そしてなによりも、亡くなるまで「旧制高校の校長」のままであった人の姿がそこにある。

○新渡戸、内村の誇り、故郷・東北で伝える

岩手県に生まれ、仙台の旧制第二高等学校を卒業した鈴木にとって「陸奥（みちのく）・東北」への思いは特別である。

昭和60（1985）年に文化庁長官を最後に文部省を退き、国立教育研究所長に就任すると、全国各地から講演に招かれることが多くなる。東北各地をめぐる旅はとくに、数々の思い出と結びついている。

基督教独立学園高校の校長、鈴木弼美（すけよし）との交流もその一つだ。鈴木が二高の山岳部時代、なんども登った飯豊山の仙台とは反対側、山形県小国町にある学園である。

昭和55年5月20日付『教育新聞』のコラム「円卓」に書いている。

「昨年の連休は、浪人の息子を連れて汽車に乗り、飯豊山の梅花皮沢（かいらぎ）の雪渓を踏んだ。帰りには、小国駅前の店で、コゴミ、ミズ、ウルイなどの山菜をリュック一杯に仕入れることができた」

「この小国町には、基督教独立学園高校がある。……校長の鈴木弼美先生は内村鑑三の教えを受け、若き日に伝道を命ぜられた小国の地に永住し、この学校を建てた」

鈴木弼美は明治32（1899）年、山梨県に生まれ、東京帝大物理学科を卒業した。在学中に内村鑑三の門に入り、キリスト教を学び、「物理学の真理よりも信仰の真理の方がなお偉い」と悟り、聖書の研究を一生の仕事と考えるようになった。

内村は青年たちに、こう呼びかけたという。

「ぼくは以前（アメリカにいた頃）から行きたいと思っていたところがある。それは山形県の山奥の小国村というところで、ここならアメリカの宣教師も入ったことはないだろう。もう一カ所は岩手県の山地である。この夏休みに、諸君のうち、これらの地方に行って伝道してくれる者はいないか」

学園のホームページには「内村鑑三は、小国地方が山に囲まれた別天地であり、上杉鷹山の領地でもあったので、ここに純粋のキリスト教を伝えたいと考えていました」とある。

その著『代表的日本人』で内村鑑三は、米沢藩の藩主となった上杉鷹山を取り上げ、心酔していた。

この呼びかけにこたえ、鈴木弼美らが毎年のように小国に夏の訪問伝道を重ねる。結局、弼美は昭和8（1933）年12月に小国に移り住み、翌年9月1日に基督教独立学校を創設する。「午前は塾生と木工などの仕事をし、午後は勉強を教える生活が始まった」という。

戦後は、新制の基督教独立学園高等学校として再発足する。「あまりにも小規模」という理由で初年度は文部省の認可が下りなかったが、当時の山形県知事、村山道雄の尽力で翌年に認可された。

「平成27（2015）年3月に65期生を送り出し、卒業生は1469名となりました」と記されている。

鈴木勲は「私もある機縁で（弼美と）何度かお目にかかることができた。いまの教育を救う道は、受験準備競争をやめることだ、学問の貴さ、面白さが分かって勉強するように生徒を指導することだ、というのが鈴木先生の信念であり、送っていただいた論文集『真理と信仰』には、この教育観が力強く述べられている」と書いている。

この『真理と信仰』には教育行政を進めるうえで啓発されることが多かったと

いうが、ただ、気がかりな一文をその中に発見する。

「日本の文化に創造性のないのは、指導者達が深く考えることの出来ない都会に居り、深く考えることの出来る田園には、考える力がない人々が居る為ではないか。鍬を持つ農民に高い教養を持たせるというのが我らの夢である。我らの夢が実現する時に新しい文明が起こるであろう」

のちに田園都市構想などという発想が生まれるが、そのはるか前に「力強く、現代文明のあり方を啓示するもの」として考えさせられた。

岩手県水沢市は、周辺自治体と合併し、現在は奥州市の中心部になっている。鈴木勲の生まれた住田町は新幹線では、水沢で降りるのが一番近い。

この水沢には妻、冨士子の姉が嫁いだ清水医院があり、鈴木はよく立ち寄って、世話になった。その水沢は、「偉人の町」の呼び名の通り、かつて高野長英、後藤新平、斎藤実を輩出している。それぞれを顕彰する記念館があり、訪れるたびに感心するのは、彼らが少年時代に受けた教育の力である。

鈴木は平成9年1月7日付の「内外教育」に、後藤新平記念館で見た「自治三訣」について文章を載せ、弼美の言う「田園地帯の人間にも、高い教養と考える力を持たせる夢」の大切さに思いをはせた。

明治期の日本には、そうした人材が地方から多数輩出している。それは全国の藩にそれぞれ、儒教や朱子学を学びの核とする「藩校」があり、子供たちに修養や研鑽の大切さを叩き込む伝統があったからだ。

ところが戦後日本の教育では、藩校の教育などは忘れ去られ、修養、研鑽といった言葉もなかば死語になってしまった。自由や「ゆとり」だけが強調されることが、果たして子供たちの成長や幸せをもたらすことになるのだろうか。

そんなはずはない。鈴木は自問自答する。

◇高校でも「国際化と日本人」を語る

最近の鈴木は、故郷・住田町にも出向く機会が多くなった。

平成28（２０１６）年2月には住田町から表彰もされている。賞状には次のように書かれている。

「（首都圏の同町出身者でつくる）『ふるさと住田会』会長として、永きにわたり、本町と首都圏在住者の架け橋となられ、会の発展に尽力された」

国立教育研究所の所長のときには、地元の県立住田高校に、豪華な美術本など自らの蔵書211冊を寄贈した。「ふるさとの子供たちのために」という鈴木の思いを受け止め、同校では学校図書館に特別コーナーを設けて、生徒や町民たちに利用してもらっている。

10年ほど前の住田高創立60周年では記念講演の講師として招かれた。このとき選んだ演題は「国際化と日本人」だった。

1980年代に臨時教育審議会（臨教審）が「新しい国際化」という考え方を打ち出し、それ以来、鈴木が日本の教育を考えるうえでの重要な課題としてきたテーマである。

鈴木は、高校生たちを前に「国際化が進展するなかで日本人としてどう生きるべきか」と問いかけ、「国際化とは、異文化を理解するだけでなく、自分の国のことを知ること」と定義づけた。

そのため、「他国のことは知っていても自国を知らない傾向」を持つ日本人のあり方を改めることが必要とし、日本が古くから渡来の人やモノを受け入れてきた寛容の精神や勤勉さ、洗練された文化といった世界に誇るべき「特性」に目を向けるよう諭した。

そうした日本人を海外に知らしめたものとして、内村鑑三の『代表的日本人』、新渡戸稲造の『武士道』を紹介し、「日本は世界に類のない誇るべき特性を持っていることを心に留め、外国人にも、これを語ることができる人間になってほしい」と訴えた。

新渡戸稲造は、鈴木と同じ岩手の出身である。

明治10（1877）年、15歳で札幌農学校（現・北海道大学）の二期生として入学し、「Boys Be Ambitious！（少年よ、大志を抱け）」のクラーク精神で海外に雄飛し、「日本で最初の国際人」といわれた。

『武士道』は明治33年、米国で出版され、各国語に翻訳されている。米国では当時の第26代大統領、セオドア・ルーズヴェルトが感動し、自ら体験したカウボーイ精神との共通点を感じ、数十冊を子弟に配り、兵学校や士官学校にも推薦したという話が伝えられている。

新渡戸が、この本を書くきっかけは、留学先の米国で、「日本にはキリスト教のような道徳や倫理の規範がないようだが、どうしているのか」と問われたことにあった。実際にキリスト社会という「異文化」に触れ、武家の出身という自らの出自に光を当て、日本社会の精神を考えたのである。

やがてはそれが、西欧と日本という垣根を越え、当時としては飛び抜けた国際理解につながる。

19歳で札幌農学校を卒業して、いったんは北海道開拓使の御用掛、上京して農商務省御用掛の職を得たが、学究への思い絶ちがたく、東京大学への入学を決意する。そのとき、その「志」を表現するあの有名な台詞が飛び出す。

東大教授、外山正一との口頭試問の面接である。詩人としても高名を謳われた外山に、専門である農学に加えて英学を修めようとする理由を聞かれ、「太平洋の橋になりたい」とこたえる。

その意味を問われると「日本の思想を外国に伝え、外国の思想を日本に普及する媒酌になりたいのです」と言った。

弱冠22歳の若者が、これだけの気概を有していた。第一に彼の個人的な資質の高さによるが、しかし同時に、近代国家への道を歩み始めた明治期日本の若者にそうした「志」を持たせる教育が施されていたということが大きい。

鈴木はそのことを思い、故郷の高校生たちに熱く語りかけた。

◇まず「良き日本人」であることから

鈴木は、臨教審が「新しい国際化」の考え方を提起して間もない昭和63（1988）年1月、「国際化と教育―よき日本人の育成―」という論文で、臨教審の足りないところを指摘したことは前にも紹介したが、「いまでも、その考えは変わっていない」という。

つまり「国際化というものが前提にあり、そのための日本人の教育」という発想への抵抗である。

臨教審も、国家・民族を基盤とした国際化という観点を重視し、そのうえで日本人としての教育を強調することを忘れてはいなかった。その点は評価できるのだが、しかし、それをどう具体化するかとなると必ずしも、単純ではない。

当時の教育基本法は、21世紀に入っての改正によって加えられた「国家や民族、郷土」といった観念は皆無であり、あたかも「個人と国際社会が国家を飛び越えて直結しているかのような理念」によっていた。

「日本の文化・伝統を学校教育の中でいかに扱うかは、長く論争の的になっていたが、十分な成果をあげていなかった。良き日本人の育成を目標にした『期待される人間像』が教育界から受けた冷たい扱いなどを考えると、日本人としての文化的素養・能力を身につけるとはどういうことか、教育課程の上でそのことをいかにして実現するかという命題を含めて、決して容易な問題ではない、と論じたのです」

あれから30年の月日が流れたが、現状はどうだろうか。改正教育基本法には「国家や郷土を愛する心」がうたわれたが、教育現場の学者や教職員らはそのことを真剣に考えているのだろうか。

国際化に代わり、いま「グローバル化」という表現が主流になった。しかし、「グローバル化というものにどう対応するか」となると、あいまいなまま、言葉だけが独り歩きしているように感じられてならない。

一時、コスモポリタン（国籍にこだわらない世界主義者）などという言葉がもてはやされたが、最近の世界情勢はどうか。宗教と民族の激しい対立は、人々を守る砦は「国家」にしかないことを示している。

経済面でもそうだろう。ボーダーレス（国境を越えた）企業が世界のすみずみにまで雇用を創出するといった夢を語る人たちもいたが、インターネットがつなぐ新しい利害関係はリスクを拡大し、ネットのもたらす弊害から国民を守るのも国家の主権なのである。

結局、「国際化」が「グローバル化」と言い換えられても、日本人のとるべき態度は、以前から主張していることと変わらない、と鈴木は言う。

「いたずらに、国際社交のマナーを学び、英会話に執心することではなく、むしろ最も日本人らしい特質を身につけ、それを磨くことが、国際社会でも尊敬されることになる」

そのためには、まずは日本語を大切にして、日本の文化や伝統に通暁する子供たちが増えなければならない。

よき日本人としての教育が十分徹底することによって、よき国際人としての資質も育成される。良き日本人の中に、国際社会において通用する普遍性が内在しており、それを掘り下げることがなによりも重要である。

鈴木の戦後は、そのことを再確認し、そうした視点に立った日本の教育をいかに実現するかにあったといっても過言ではない。

第4章

道徳復活から「品格ある国家」へ

○道徳教科化を「絵に描いたモチ」にするな

平成29（2017）年5月、日本テレビの昼の番組「情報ライブ　ミヤネ屋」で、プロ野球巨人軍の終身名誉監督、長嶋茂雄が平成30年4月に新設される小学校の「道徳」の教科書に登場することを特集していた。

教育出版社が、長嶋の歩みをまとめた4ページ企画を含む教材を出版するという。タイトルは「長嶋茂雄の人生は七転び八起き」で、小学5年生向けの教科書になる。文部科学省の検定に合格した教科書にプロ野球関係者が登場するのは初めて、と話題になっている。

鈴木らが求めてきた道徳の「教科化」が、ようやく実現する。

長嶋企画がテレビで紹介されたのは、30年度から「特別の教科」になる小学校の道徳の教科書が出そろったことに合わせてのものだった。

義務教育で新規の教科書が出るのは26年ぶりであり、8社が各学年分を申請して、合格した。

文科省は、副読本の読み取りを中心としたこれまでの「道徳の時間」の授業から、「考え、議論する道徳」への転換を目指す方針を示し、それに沿うよう各教科書会社は、試行錯誤を重ねている。

「考え、議論する道徳」を目指すため、文科省は「小学校の道徳で扱う項目（道徳的価値）」として22項目を列挙し、道徳教科書にはそのほとんどを盛り込むよう求められていた。

第１項は「善悪の判断、自律、自由と責任」、２項「正直、誠実」、３項「節度、節制」とあり、６項「真理の探究」、７項「親切、思いやり」と続いて、最後の第22項には「よりよく生きる喜び」が掲げられた。

これらの中には「小学5、6年で学ぶ」項目と、「小学3~6年で学ぶ」項目がとくに指定されている。児童の成長段階にあわせて、「考え、議論する」内容を高めていこうという狙いだ。

鈴木は、昭和33（１９５８）年に設けられた「道徳の時間」が他の「教科」とは異なる「特設の領域」とされ、小学校では担任の教員が受け持つこともあって自習や他の教科で埋められたり、日教組など反対派によって悪用されたりするなど「形骸化」が著しいとして、早期の改善を求めていた。

道徳教育の正常化は、戦後教育を貫く歴史的課題として、日本弘道会が活動の中心に据えてきた。それだけに今回の「教科化」実現は、一つの課題が解決をみたものと受け取ることもできる。第二次安倍晋三内閣による教育改革が果たした役割は大きい。

しかし、鈴木は必ずしも楽観していない。

日本弘道会の会誌『弘道』に載せた「平成29年の年頭に当たり」では、「本会が長年に亘って主張してきた『道徳の教科化』については、学校現場の受けとめ方が問題であり、ある調査によれば、教員の多くが『教科化』のことを知らないとか、また反対とか報じられており、戦後残された教育改革の最後の一つとして改革されたこの政策がこのようでは、『仏作って魂入れず』になります」と論評している。

道徳の教科化は、平成23（２０１１）年、滋賀県大津市で起きた男子中学生のいじめ自殺問題によって加速された。そのため、大半の教科書が、いじめを重要なテーマとして扱い、ある教科書は「いじめがなくならない理由を考えさせるページ」を設けている。

また、電車とホームの間に挟まれた女性を救助しようと、乗客が力をあわせて車両を押す様子をとらえた写真が教材になるなど、「助け合い」の大切さを伝える内容のページも増えた。東日本大震災での被災体験や、その後の復興活動でボランティアが果たした役割なども多くの教科書で扱われている。

しかし同時に、これまでの教材で数十年も使われてきた物語や昔話の「再掲」を中心にする教科書も目立つ。初めての検定に合格することを意識してのことなのか、あるいはすでに学校で定着しているもの以上のことに手を付けたくないという「やる気」の問題なのか、気になるところである。

◇大学での教員養成は手つかずのまま

小中学校の道徳授業の「形骸化」が進んでいたことは前述の通りだが、日本弘道会の特別会員、貝塚茂樹（武蔵野大教授）によると、その大きな理由として、大学側の教員養成の対応の遅れが指摘できるという。

今回の教科化では、検定教科書が導入され、授業の指導法についても大きな前進があった。

平成27年に中教審教育課程特別部会が示した「論点整理」は、これまでの「読み物」教材の登場人物の心情理解を中心とする授業から脱却し、「道徳的価値について多面的・多角的に学び、実践へと結びつけ、さらに習慣化していく指導へと転換すること」を求めた。

それがすでに述べた「考え、議論する道徳」への質的転換である。

ところが、こうした指導法改善の理念が先行する一方で、教科化それ自体の制度設計は十分とはいえない。

先の論点整理を受けた中教審答申「これからの学校教育を担う教員の資質能力

の向上について」では、道徳の教員研修の充実には触れているものの、教員養成についてはほとんど言及されていない。

しかも、今回の教科化論議では、道徳の専門免許の創設は初めから棚上げされたままという。

貝塚は『弘道』（平成29年3〜4月号）の特集「道徳教育の新たな展開」の中で、次のように論じている。

「そもそも大学の教員養成が免許制度と連動している以上、専門免許がなければ、大学に道徳教育の専攻・講座を設ける必要はなくなり、大学の授業も道徳教育を専門としない教員が担当するという現行の枠組みが継続される。専門免許を制度的に担保しなければ、専攻や講座といった研究基盤が形成されることはなく、理論研究の充実も見込めない」

世界に目を転じても、中学校段階での「専門免許」制度を採用している国は決して少なくない。

大学で道徳教育の専門の勉強をしてきた教員よりも担任教師の方が道徳授業を

するのがふさわしい、という議論には説得力がない、という。

「こうした状況をみると、果たして何のための道徳の教科化だったのか、という疑問を感じるのは筆者だけではないはずだ。このままでは、『検定教科書を導入し、指導法を改善しただけ』という結果になりかねない。残念ながら、こうした不十分な制度設計が、さらなる『形骸化』を招く危険性も決して杞憂ではない」と、貝塚は指摘する。

「仏作って魂入れず」にならないか、と心配する鈴木の指摘は当然だろう。

◇確実に「戦後レジームからの脱却」を実現

懸念は残るものの、ここ15年ほどの国の教育改革については「明るい展望が期待できる」と、鈴木は考えてきた。

とくに安倍内閣が「戦後レジーム（体制）からの脱却」を掲げて進める改革の方向性を評価する。

ＧＨＱの占領下で施行された教育基本法は、戦後の民主体制への移行を意識するあまり、ときに「蒸留水のような」とされるほど無国籍、無機質な条々が並んでいた。

安倍第一次内閣では平成18（2006）年12月、まずこの教育基本法の改正にこぎつけた。

この改正によって、第2条で教育の目標として「道徳心」や「公共の精神」「伝統と文化を尊重すること」「我が国と郷土を愛すること」などが明記された。同時に、義務教育の目的として「各個人の人格形成」と「国家社会の形成者」の育成であることが明示された。

これに伴い20年には学習指導要領が改訂され、「伝統や文化に関する教育の充実」が盛り込まれるとともに、中学校では、教えるべき道徳の内容として24項目の価値項目（徳目）が掲げられた。

鈴木は、日本弘道会として日本道徳教育学会と共同で5年にわたり「修身教育の研究」というプロジェクトを進めていた。

平成27（2015）年3月、この成果を『近代日本における修身教育の歴史的

研究　―戦後の道徳教育までを視野に入れて―』として刊行し、「空白だった分野を埋める初めての学問的研究」と注目された。

これと時を同じくして、学校教育法施行規則の中の「道徳」が「特別の教科である道徳」と改められ、道徳の教科化が正式に決定するのだから、鈴木にとっては長年の主張が実現した感慨深い年となった。

◇『13歳からの道徳教科書』が先駆けに

もう一つ、平成20（２００８）年に「道徳教育をすすめる有識者の会」が発足したことも大きな喜びだった。

鈴木は30人の「世話人」（代表・渡部昇一）の一人として会の運営を積極的に支え、4年後の24年には『13歳からの道徳教科著』（育鵬社）の出版を実現している。

「道徳教材の新しいスタンダードとなるよう、改訂された学習指導要領に準拠して編集されたパイロット版教科書」は、道徳の教科化を先取りするものとして注目され、３年間で12刷を重ねるヒットとなる。

「13歳」、つまり中学に入学する子供らを念頭に、「しっかりとした自分」「人とのかかわり」「かけがえのない生命」「『公』と『私』」「誰かのために」の５つの柱で構成した。

橋本左内や吉田松陰といった歴史上の人物からイチローやビートたけしまで、それぞれの珠玉のエピソード37話を厳選し、「偉人や名作が教えてくれる〝大切なこと〟」を通して、立派な大人になるための道徳や倫理観が自然に飲み込めるよう工夫した。

「大人が読んでも、目頭が熱くなる物語の数々に感動した」。こうした好意的な評価が編集部や筆者、さらには日本弘道会にも届いていた。

なかでも岡山県の岡山学芸館高・青秀中学園長、森靖喜の談話は特筆すべき内容のものだった。

「（世話人代表の）渡部昇一上智大名誉教授はこの教科書の前書きに、『道徳教育の一つの道は、私たちが〝美しい〟と感ずるような話を子供たちに伝えることだ。健全な少年少女にとって、美しい、ためになる話は、同時に面白いのです』

と書いておられます。私はさっそく、学園の全生徒・教職員に配布しました」（産経新聞岡山県版）というのだ。

森は談話の中で、「この春、戦後60年を過ぎた日本の学校教育で、２つの画期的な出来事があった」とした。

一つは『13歳からの道徳教科書』の発行だが、もう一つは、東京の都立高校用の24年度版歴史教材に、次のような歴史上の事実が掲載されることになったというニュースである。

「（太平洋戦争で）日本が対米戦争に踏み切った理由」について、ＧＨＱの最高司令官（元帥）、マッカーサーが昭和26（１９５１）年の米議会上院で、「日本は主に自衛のために戦争をした」と証言していたのである。

日本が敗れた年の翌（１９４６）年5月から約2年半にわたり、米国など戦勝国側が日本の戦争指導者らを裁く裁判が開かれた。

正式には「極東国際軍事裁判」と称されたが、一般には「東京裁判」とも呼ばれ、これにより「Ａ級戦犯」として日本人７人が死刑となった。

しかし、少なからぬ日本人が「一定の法律に基づき、それに違反した行為について審議し、その法律に従って審判を下すのが裁判であり、東京裁判は国際法に存在しない『平和に対する罪』『人道に反する罪』『戦争犯罪』といった罪を被告らに一方的に着せるもの」と不信感をつのらせた。

この判決によった「東京裁判史観」は先の戦争の性格を決定づけるものとして日本の戦後の教育に大きな影響を与え、「最悪の侵略戦争を引き起こした日本」という自虐的な論調が、言論界・教育界に長くはびこる元凶の一つとなる。

森は、「ＧＨＱの政策に協力し、旧ソ連や共産中国に賛意を寄せる勢力が、日本を断罪した東京裁判の判決を根拠とし、今にいたるまで日本の伝統的な精神・文化を貶め、道徳教育にも反対した」とみていた。

ところが当のマッカーサー本人が、「日本は主に自衛のための戦争をした」と議会で証言していた。しかも、そのことが東京都立高の歴史教材に取り上げられる。かつては考えられない「出来事」となったのである。

鈴木は「マッカーサーの議会証言がなぜ今に至るまで、黙殺されてきたのか。

それは自虐史観に凝り固まった言論界や教育界が意図的にそうしていたとしか考えられない」と言う。

そして次のように語る。

「その国の教育を知りたければ、その国の教科書を読むのが一番だ、といわれます。中国や韓国、欧米の国々の教科書は、それぞれ自国の美点を強調する形で編集されています。ところが日本の教科書では、歴史的に過ちを繰り返し、自衛隊という矛盾した存在を抱える国として描かれ、天皇や皇室の位置づけも十分な記述がなされていませんでした」

「これでは外国人が読んでも、日本を評価しようがない。震災後の日本人の行動に海外メディアが驚きを隠さなかったのは、『日本の良さ』を知らされていなかった人たちにとっては当然だったかもしれません」

同時に、自虐史観に慣らされた日本の国民自身は、震災後のそうした海外の評判から、自分たちの美徳を再認識させられるという奇妙な現象が起きていたといえるのかもしれない。

鈴木は言う。「もちろん、極端に自国中心主義になったり、歴史を歪曲したりすることは論外ですが、日本の国の姿を公正にきちんと教科書に記述していくことは、これからの日本を担う人材を育てる公教育において不可欠なことです。最近の教科書をめぐる動きを、そうした視点から注意深く見ています」

○西村茂樹の思想がいま再評価される

「日本は、主に自衛のために戦争をした」

マッカーサーの議会証言は多くの日本人を勇気づけることになるだろうが、実は、この証言が歴史的事実として残っていることを繰り返し強調していたのが晩年の渡部昇一であった。

渡部は平成29（２０１７）年4月亡くなった。日本弘道会、とくに鈴木との縁は浅からぬものがあり、鈴木は訃報に接した直後の『弘道』（29年5～6月号）に、

「渡部昇一先生を偲んで」という文章を載せた。

「私が先生を知ったのは、文部省初等中等教育局長の時に、いわゆる教科書問題が発生し、文部省が『侵略』を『進出』に書き換えさせたというマスコミ報道が氾濫する中で、雑誌の対談で『マスコミの誤報』を指摘されたことからである」

「それから、先生の国家の基本問題に対する深い洞察と教育に対する憂慮を思い、ぜひ日本弘道会にご理解をいただき、講演等でご支援いただきたいと、車を駆って先生のお宅に駆けつけ、初対面ながら隔意のないお話を頂いたことが思い出される」

出会いは、そのように始まり、以来、渡部は日本弘道会のシンポジウムなどでは欠かせない講師となる。

「西村茂樹全集」が刊行された際には、「和魂」というタイトルで推薦文を書いた。「西村が憂えて問題とした所は第二のグローバル化の現代でも新鮮な輝きを持つ。全集の刊行を喜びたい」というものだった。

その渡部が、西村の思想を中心に論じた「明治の倫理問題」という講演がある。

平成18年の日本弘道会創立130周年の記念行事の際のものだが、西村の思想が魅力的に語られている。

その論に沿って考えてみたい。

西村は明治6（1873）年、後の文部大臣、森有礼の依頼を受けて、欧米思想の紹介や普及のための啓蒙思想団体「明六社」を設立している。これには福沢諭吉、西周、加藤弘之、中村正直らが参加していた。

明治期の代表的知識人たちが、こうした組織を立ち上げた背景には、「この時期、武士階級以上の知的人たちは、（国を運営するうえで）それまで主に学んでいた儒教では足りないという不安」があった、と渡部は言う。

参加メンバーのほとんどは、幕末期から欧米に留学しており、「森有礼という進歩的な、どちらかと言えば『アメリカかぶれ』のような人の呼びかけで、西村を中心に明六社をつくった背景」には、そうした知識人がいた。

ただ、西村は「外国に行きたかったが、行けなかった」。ほかのメンバーと同じように漢学を収め、佐久間象山の下で英語やオランダ語に習熟し、ドイツ語まで学ぼうとしている。幕末には、佐倉藩にオランダ留学を申請したのだが、しかし、却下されている。

外国渡航をあきらめたことが影響したのかどうか、西村は「西洋かぶれ」にはならなかった。

語学の力は、英語やオランダ語の書物を何冊も翻訳しているほどの実力である。しかし、外国に留学し、キリスト教社会の進歩した様子を見て帰国する多くの武士たちのように、右往左往することなく、じっくりと日本の進むべき道を考えていた。

そこで重視したのが「日本の道徳」というものである。「和魂洋才」という言葉がある。自然科学や技術は欧米に及ぶべくもない。その「洋才」を取り入れながら、日本が国として存立していくためには、「和魂」、国民のバックボーンとなるような独自の道徳が必要だろう。

それこそ「日本人とは……」という根源的な問題であり、そのことを見極めて初めて、「品格ある国家」が可能になる、と考えたのである。

◇西村の「柔軟な思考」を導いたもの

「西村先生は当時の文部大臣が交代するごとに、徳育の主義が変わることを懸念し、明治23（１８９０）年４月、徳育の基本を立てるための意見書を大臣に提出した。教育勅語はその年秋に発布されるのだが、内容は、道徳の基本は皇室がこれを定めること、儒道（儒教の道）による忠孝に基づくことなど、西村先生の主唱と同じ方向のものであった」

日本弘道会の特別会員（東大名誉教授）だった海後宗臣は、そう解説している。ただ、ここでいう「儒道」というのは、中国の儒教文化をそのまま使おうなどというものではない。

「儒教」で間に合わないことは確かである。しかし、日本人がこぞってキリスト教徒になれるかというと、そうもいかない。

「皇室」こそ、神話時代から続いている日本の宝であり、道徳の基本は、皇室がこれを定めるのが最適である。それでこそ、社会も安定する。重要なのは、これが、西村が欧米の宗教や哲学をしっかりと読み込み、理解し、考えぬいたうえでの結論であったことである。

その柔軟な思考は、どのようにして可能だったのか。

『弘道』に「論語入門」を連載する早稲田大教授（日本弘道会副会長）、土田健次郎は「儒教を学ぶにも、中国とは異なる日本独自の流儀が広がっていたこと」に、その秘密を見る。

「江戸時代は啓蒙の時代である。……種々の知識が並列され、それが多数の人間に共有されるという状況は、印刷術の改良や教育の普及と相乗効果を起こしていた。（儒教などの）注釈書には、諸家の説を並列して引用したあとに筆者のコメントを付すという形を取るものが少なくない」（筑摩選書『江戸の朱子学』）

儒家を論じる場合でも、各派の議論を比較し、是非を検討する。

江戸期末には、こうした開かれた「知的空間」が出来あがっており、そこで鍛えられたことで、西村の「思想や学問を相対化できる能力」が花開き、独自の道徳論を形成することに貢献した、と土田は分析する。

教育勅語は「道徳」だけを述べたものであり、明治政府の方針で「宗教のにおいを出させてはいけない」という強い戒めがあった。

これは西村の考え方と一致している。『日本道徳論』の中で次のように説明していた。

「明治維新の初め、旧来のものは一掃されて、すべての物事の様相が一変した。神道も仏教も、ともに人々の心を固く結ぶ力は発揮できなかった。キリスト教を説く者や、あるいは西欧哲学の道徳学を説く者もいたが、キリスト教は仏教を信仰する人が激しく攻撃し、道徳学は研究者が好き勝手に研究しているだけで、ともに全国公共の教えとなることはなかった」（尾田幸雄訳）

「宗教」ではなく、西洋の「哲学」、そして日本の儒教のそれぞれ合理的な部分、「真理」によって道徳を打ち立てるのが良いと考えたのである。

教育勅語の中に「之ヲ古今ニ通シテ謬ラス　之ヲ中外ニ施シテ悖（もと）ラス」とあるのは、「どこへやっても通用するものだけ徳目を述べよという趣旨であった」（渡部）という意味だ。

西村の発想を具現化するかのように、「どこへやっても通用する徳目」を盛り込むことが重視される。

教育勅語には、「親孝行」「友愛」「夫婦の和」「朋友の信」「謙遜」「博愛」「知能啓発」「徳器成就」「公益世務」「遵法」「義勇」の12の徳目がある。いずれも日本だけでなく、どこでも通用する普遍的な価値だろう。

そして、勅語の最後は「咸（みな）其徳ヲ一ニセンコトヲ庶（こい）幾（ねがフ」とある。これは「明治天皇自らが、以上あげた徳目は私も実践するが皆も実践してくれよ、と言われたという意味であり、これが日本道徳なのです」と渡部は解説する。

さらに「教育勅語は、大臣副署（明治憲法下で国務大臣が天皇の署名に添えたもの）がないから、法律ではない。天皇のお言葉で、自戒、自らを戒める言葉でもあるのですから、ある意味では親鸞聖人や日蓮上人の言っていることと似たような分類に入る」とも。

そのうえで「法律でもない、そのようなものを国会が廃止する権利はないのではないか。教育勅語の内容は徳目ですから、それを廃止したとなるとどうなるのか」と、戦後の国会の対応を批判するのである。

実際に戦後、教育基本法ができたときも、教育勅語は廃止になっていない。だから、教育基本法に教育勅語に述べてあるようなことを入れる必要がなかったともいえるのである。

その時点では、教育勅語という日本的なものと、「どこの国にも通用するような、特色のない教育基本法」の両輪で教育は成り立っていた。

国会による勅語の廃止は、その重要な車輪の一つを取り去ったことになるのである。

◇宗教とは別の「徳目」に日本の特徴

さてそれでは、そうした「徳目」を重視する日本の道徳思想はどのようにして生まれてきたのか。

渡部は「ぼくが興味をひかれるのは、西村先生が心学に興味を持っていらっしゃるところ。禅宗の考えも入っていますが、心学に興味を持たれたというのは極めて重要だと思う」とし、「心学こそ、日本精神そのもの」と述べた。

どこの国も、たとえば仏教ならばお釈迦様の教え、キリスト教であればキリストの教えとなる。しかし日本には、その意味での偉人と呼べる存在はない、という。偉い儒学者がいても、孔子よりも偉いことはありえず、仏教の場合でも釈迦よりも偉い坊主は考えられない。

どうしてだろうか。キリスト教やイスラム教は、争いの絶えない血なまぐさい荒れ野から生まれた宗教である。そこでは「平和」が人々の希望であり、それをつかむ手段の一つとして、たとえば「敵を愛せよ」という教えになる。

「そこに、ないもの」。それを希求する祈りが宗教を生んでいる。

仏教も、カースト制という厳しい掟社会から生まれており、中国の孔子や孟子も、統治することが難しい社会での仁義を説くために登場した。

「日本にはもちろん、道徳はあったわけだが、そのような偉い人が出るほどの必要はなかった。日本では聖徳太子の教え『17条憲法』くらいで十分に間に合うほど民度が高く、仲良くやれた国だった」

古代からの日本の伝統社会はそのようなものであった、と渡部は解釈する。西村が重視した心学では「人間には心がある」という。まず「心」が最初にあるのであり、その心を磨くための「磨き砂」が問われる。

「しかも、その磨き砂は神・儒・仏どれでもいいのです。神道の教えで磨いても、仏教や儒教の教えで磨いてもいい。いつの間にか『心』それ自体が中心となり、世界の大宗教もこの『心』という概念ですべて相対化されるのです」

それが日本の道徳のあり様である。

だから日本の道徳は、心を磨くことから始まるさまざまな徳目の集まりということになる。その意味では、日本は「徳目文明」の栄える国であり、その結晶が教育勅語といえると、渡部は指摘していた。

そうした日本的特性を象徴する教育勅語を廃止してしまえば、どういうことになるのか。もはや明らかだろう。日本人の道徳を歪めるだけでなく、日本人が日本人であるための指針を失うことにもつながるのである。

「われわれが子供のころには考えられないような事件が毎日のように新聞に出ています。親は子を殺し、子は親を殺す。孫が自分のお祖母さんを殴り殺す。まったく考えられなかったことが起きています」

「日本人に、かすかに残っている良識でいままでもってきたけれども、だんだん悪い方向に行っているらしいことは新聞を見ればわかります。明治の十年代に西村翁が心配して運動を興したようなことが、今の日本にはもっと必要なのではないかと考えている次第です」

平成18年の日本弘道会130周年の記念講演は、こう結ばれていた。

鈴木はこうした点をどう考えていたのか。『「日本道徳論」を読む』で次のように論じている。

「西村が言ったことは、洋学、西洋にかぶれていた当時の状況から見ると、反動的に見えたかもしれないけれども、それが何年かたって静まってみると、西村の言った方向に社会が動いていて、西村は全体として全然変わらないのに、社会の方が西村の考えている方向に進んできたのです」

「そのことは、昭和43（１９６８）年、日米の専門家がまとめた研究書『日本における近代化の問題』（岩波書店）でも、ドナルド・シャイヴリー教授（ハーバード大学）がつとに指摘している通りです」

西村の一貫した思想は、徳川時代の為政者としての経験をも踏まえて、日本の安定的な発展に貢献するものとなる。

それは、ひたすら欧化路線を走ろうとした実学主義の人たちとは一味違う現実主義に立脚したものであった、という評価が今日では定着してきている。

「西村茂樹の思想が正当に評価されるようになり、日本弘道会の進むべき道にも明るい光がさしている。非常に良かったと思っています」。鈴木は感慨を込めて語るのである。

○日本には「皇室」があって良かった

　鈴木は平成29年の年初『弘道』の「巻頭の言葉」で、天皇陛下の退位について触れている。

「天皇陛下には御退位の意向を示され、有識者会議が専門家による検討を進めており、陛下の御意向に添った方針が示されることを願っております」

　東日本大震災から、丸6年が過ぎようとしていた。被災地の復興が十分でないかなで28年に熊本地方を襲った地震が再び、日本人の心に暗い影を落としていた。天皇陛下の御心痛はいかばかりか、と気がかりなのである。

　被災地の冬の暮らしはいかならむ
　陽の暖き東京にゐて

天皇陛下は大震災から丸3年になろうとする平成26年の年頭に、この「皇居にて」の御製を詠まれた。

前年12月には、満80歳になられてもなお、被災地の人たちに変わらない心を寄せられていることに感動し、「私共も被災地の人々のことを忘れることなく、一日も早い復興を祈るばかりです」と書く鈴木であった。

鈴木は「(80歳の誕生日にも)例年の如くお招きいただき、お祝いを申し上げましたが、御高齢にもかかわらず、大変お元気にお見受けいたしました」と記している。

文化庁長官時代、当時皇太子だった天皇陛下に文化関係の御進講をする識者の陪席をしていた関係から、その後は毎年、誕生日に招かれている。

陛下も皇太子時代から、鈴木の関係した青少年読書感想文全国コンクールの表彰式に臨席された。皇后陛下は子供の読書活動の推進についてご関心を示され、両陛下とも、鈴木と面会するたびに、思い出の話や励ましの言葉をかけることをお忘れではなかった。

約２００年間なかった退位をされることになった陛下が、常に途切れることなく、安定的に続くことをひとえに念じる「象徴の務め」の厳しさを思うとき、鈴木は身の引き締まる思いがする。

天皇陛下の御在位20年を祝った『弘道』（平成20年1〜2月号）は、西村茂樹が自らの皇室観を述べた「皇室を尊戴す」を載せた。

「西洋諸国の政府において宗教を尊崇するは、けだし民心をして其向ふ所を一定せしむるに在り、本邦の如きは既に至貴至尊の皇室あり、民心をして悉く此皇室に帰向せしめば国の鞏固安全求めずして自ら得べし、何ぞ宗教の力を仮ることを須ひん」

国の安定を維持するために宗教は必要ない。日本には皇室がある。これは西村が「日本の道徳」を考える際の基本的主張であることはすでに述べた。

大震災以来、国の根幹ということをしきりに考えていた鈴木には、日本弘道会の会祖のこの言葉が、ひたすら重く感じられる。

◇世界情勢の変化を見すえて決意を新たに

日本弘道会は平成28（２０１６）年、明治９年に創設された東京脩身学社から１４０年となった。日本弘道会という名称になって１２９年である。

西村は日本弘道会を、「国民が真に共有できる道徳を追求し、普及させる」ための組織とし、それを「学会」と呼んだ。

専門研究者の学会ではなく、一般の人たちも取り込んでいく運動体を意識しての命名だった。なぜ「学会」なのか。道徳は机上の空論で終わるのではなく「実践」が求められ、道徳を国民の共有物にするには全国各地で普及させる必要があるからだ。

その会員について『日本道徳論』（岩波文庫版）は「同志の者は官民を論ぜず、宗旨の異同を問わず、政治の意見の如何に関せず」という。

つまり、役人か民間人かを問わず、宗旨や支持政党などが異なっても「同志」になれる、と述べている。

このような開かれた組織によって道徳を追求し、普及させようという試みは稀有のものと言うべきであろう。

平成23年には、内閣府から「公益社団法人」への移行認定を受けた。この年の東日本大震災では、義援金100万円を日本赤十字社に寄託している。

会員数は5000人を超えた時期に比べると、4分の1ほどになっているが、鈴木のテコ入れもあり、支会の活動は活発化している。会誌『弘道』は通算発行1100号を超え、会員らの隔月の楽しみとなっている。

昭和58年から、会員のページとして「言葉のひろば」を設け、書評や意見をはじめ、各地の「善行」を紹介する情報など多数の投稿が寄せられている。野口が会長のころは32ページだったものが、徐々にボリュームアップし、現在では80ページを超えることも少なくない。

また、若い研究者を発掘するため、創立110年となった昭和61（1986）年から、「西村茂樹研究論文」を募集し、多田建次（玉川大学教授、日本弘道会理事）など数多くの研究者を輩出してきた。

平成10年からは毎年、東京で「弘道シンポジウム」を開催、19年からは八千代

（千葉県）、茨城、岩手、島根、佐倉（千葉県）、安房（同）、銚子（同）などの各支会が、「弘道フォーラム」を主催してきた。

平成28年は、８月に佐賀県・有田支会がフォーラムを主催し、「地域ぐるみで公徳心を育むために～実践活動を通して響き合う心～」をテーマに意見交換した。10月のシンポジウムでは「グローバル化時代にどう向き合うか」を取り上げている。

この２つのテーマの組み合わせでも分かるように、日本弘道会は今、地方支会の活動を活性化すること、それとともに、グローバル化時代の日本人に「どのようなメッセージを発信するか」ということ、の２つの課題に積極的に取り組んでいる。

◇「君子万人の時代」、野口明の指針を胸に

最後に、現在の日本弘道会の行動指針についてまとめよう。それは、戦後の日本弘道会「中興の祖」といわれる第７代会長、野口明が、西村の精神をどう継承しようとしたかに集約される。

西村は明治35（1902）年8月、75歳で死去した。その際に残された辞世の言葉には二通りの遺言が伝えられている。

その一つは「薨（こう）せんとするや左右に謂（いい）て曰（いわく）『吾百年の後、聖賢出でて吾志を継ぐべし、吾憂ふる所なし』と高砂の一曲を謡い従容として逝く」であり、別の一つには「我れ百年の後に知己を俟つ、敢て今日達せざるを慨（な）げかず」とある。

「聖賢」と「知己」の違いはあるが、西村は、道義国家の建設と国民道徳の振興という自らの素志を継いでくれる人材を待望していた。

では果たして、西村の死後115年となった今日、彼が待望したような傑物は出現しているのか。

ドイツの女性研究者、ハンネローレ・アイゼンホーファー・ハリムは平成11年にドイツ語訳で出版した西村著『国民訓』の解説で、「ほぼ百年を閲した今日、西村茂樹はほとんど忘れ去られているかにみえる。……それにもかかわらず、日本の教育史という観点からすれば、彼は決して過小評価されてはならない役割を演じていた」と書いた。

西村の素志を継ごうという「聖賢」「知己」は現れていないように見える。野口はそうしたことを踏まえて、亡くなる直前の昭和54（1979）年第77回総会で「君子万人の時代」という新しい考え方を残した。

「社会生活は複雑化して9年の義務教育によりて一人前の社会人となる。此の複雑なる社会の随所に多数の君子ありて、その協力を必要とす。多種の規則、施設はその専門家を必要とす。今や一人の力よりも複数の力の中に新活路を求むべし。あらゆる救済、保護等の福祉こそ社会道徳の温床なるが故に、本会の活動範囲は将来拡大せざるべからず。……いたずらに尚古に堕するは本会の道にあらず」

鈴木はこれを、「一人の聖人を尊重する時代は去り、今は多数の君子が各職域においてそれぞれ立派な生き方をし、協力し合い、それによって日本の道徳を維持していくべき時代である」（『弘道』平成13年7～8月号）と解する。

そして現在の日本弘道会は、野口のこの考え方を目標理念として活動を展開している。

「野口先生が、会祖（西村）の臨終の遺託を意識しておられたかどうか今は知る由もないが、この一世紀間の社会の変化を見すえて野口先生が提唱された『君子万人の時代』の精神は、会祖が現代に在りしならば賛意を表されたことであろう」

「してみると、会祖が『百年の後』出ることを期待した聖賢とは、綱領を改訂して現代に相応しいものにした野口先生であり、また日本弘道会ビルを建設して本会活動の財政基盤を確立した第8代会長、西村幸二郎先生と考えてもよいのではなかろうかと、秘かに思うのである」

野口は、西村の思想の特色として「合理性」と「現実性」の2つをあげた。そして「先生が心血を注いで築いた所謂西村倫理は、今日に於いては多少の修正は要すると思うが、全体の体系と、所論の大綱とは、今日に於いても我々を啓発するところが少なくない」（昭和37年）と、新時代に適した弘道会「綱領」の改訂に全力を傾けた。

「君子万人の時代」は、その野口が「遺言」として提示したキーワードである。日本国民一人ひとりが君子のように自律し、その道を弘め、実践する。「君子万人」

には、そんな意味が込められた。

「われわれ会祖の遺業を継ぐ者は、改めて、会祖ありしならばとの反省を忘れず、君子万人の時代の自覚をもって、本会の拡充に努めるべく決意を新たにしなければならない。それが、会祖の遺託に応える道であると信ずる」

この信念を胸に、鈴木は日本弘道会を率いている。

おわりに　――「愛する国」のため貫く美しい人生

西村茂樹は明治19（1886）年、現在の学士会館（東京・一橋）のあたりにあった東京大学の講堂で、3日間に渡って講演した。

これを『日本道徳論』という書物にまとめ、知人たちに贈呈する。ときの文部大臣、森有礼は、国民の思想的混乱による道徳の危機の打開策を訴える内容に賛同し、「この書を文部省に提出して検定を受け、中等学校以上の教科書にすべきである」とまで激賞した。

ところが総理大臣、伊藤博文はこの書を目にすると激怒し、「新政府の政策を誹謗（ひぼう）し、その進路を妨害しようとするものである」として、文相を呼びつけて難詰した、といわれる。

明治16年に開館した鹿鳴館を中心に、ひたすら、欧化主義による近代化路線を走っていた内閣の「痛いところ」を突かれた。伊藤には、そんな思いがあったのではないだろうか。

筆者は、この話を聞くたびに、鈴木勲が文部省の初等中等教育局長のときに遭遇した「歴史教科書問題」を思い出さずにはいられない。

本文で詳しく論じたように、文部省の検定で「侵略」が「進出」に書きかえられたというマスコミ誤報を発端とする騒動である。

誤報が独り歩きし、中国、韓国からすさまじい圧力が日本側にかけられる。国内でも、文部省への非難、教科書修正を求める大合唱の観を呈する。外務省は当初、文部省の考えに理解を示したが、中国、韓国の姿勢が強硬になると、手の平を返したように、文部省に譲歩を迫った。

このとき鈴木は、「検定に誤りはなかった」と一歩も引かなかった。

結局、日本政府は、近隣諸国条項という後味の悪い収拾策をとらざるを得なくなるのだが、鈴木の「検定の枠組みだけは死守する」という姿勢によって、日本の教科書制度の崩壊という事態はかろうじてまぬかれた。

西村が、伊藤博文らの反発に抗して、政府への献策をやめなかったことで近代日本の新しい道徳が生みだされた。

同じように、鈴木の「検定制度を守ることは国益」というブレない姿勢での粘り強い対応が、日本を危機から救ったといっても過言ではない。

だがその後は、「歴史認識」というカードが中国側の外交上の武器になってしまう。「もしも鈴木局長のように、毅然とした対応をつづけていたら、歴史は変わっていたのでは……」という声をいまでも聞くのだ。

昭和20年の敗戦に伴う教育改革は、教育勅語にあった人間が基本的に身につけるべき普遍的な「徳目」さえも日本人から奪う方向性をもっていた。

そのことの重大性は、修身の教えによって成長した鈴木には痛いほどわかっていた。その痛みを共有し、励ましながら、鈴木を戦後教育の立て直しに向かわせたのが旧制二高校長、野口明であることは繰り返し述べた。

「日本弘道会」は、野口と鈴木の緊密な連携を得たことで、影響力を保持することになった。戦後の教科書では、目立った扱いを受けることのなかった西村茂樹の思想がここにきて再評価されるのも、世間一般にはあまり知られることのない鈴木らの努力がある。

『日本道徳論』は平成22（２０１０）年、『品格の原点　いまなぜ「日本道徳論」なのか』（小学館新書）という現代語訳（尾田幸雄）で復活している。平成30年度から始まる道徳の「教科化」は、そうした努力の一つの結実といえる。

日本という国のあるべき姿を国民とともに考える。この伝統の理念に立つ日本弘道会は、西村の思想とともに、現代を生きる人たちの指針となる力を備えている、と筆者は考える。

最後に「虹」という本のタイトルについて触れておく。

もちろん、「風虹子」という鈴木の雅号をヒントにしたが、虹は、「日本という国は虹のように美しく」という「品格ある国家」の象徴でもある。そしてそれは、少年時代からの「覇気と誠実」をモットーに、西村茂樹の「道義立国」を一貫して目指してきた鈴木の生きざまそのものでもある。

では「風」はどうか。

「風は見えなくても風車は回っている。音楽は見えなくても心に響いてくる」。

鈴木の好きな作曲家、J．S．バッハにそんな名言がある。

鈴木の仕事ぶりも常に、決して大げさに宣伝するようなことはない。だが、必ず結果を出してきた。見えない風のように、穏やかに控えめに粘り強く努力することで、成果に結びつける。

風と虹ほど、鈴木の人柄を表すうえで相応しい表象はない。鈴木は今後も、日本の伝統に残る「美しいもの」を後世に伝える努力を続けていくだろう。

（平山記）

日本弘道会の歴史

明治 9（1876）年	西村茂樹は、阪谷素らの同士とともに日本弘道会の前身である「東京脩身学社」を創設
20（1887）年	会名を「日本弘道会」と改称、この年『日本道徳論』を発刊
22（1889）年	宇都宮に「第一支会」が創設される
25（1892）年	『日本弘道叢記』を発刊、この第 1 号を今日の会誌『弘道』の号数の元数とする
26（1893）年	会員数が 5000 人を超え、支会数が 36 に達する
27（1894）年	西村邸（築地1丁目）にあった事務所を、華族会館（麹町区山下町）に移す
大正 3（1914）年	社団法人の許可を受ける。現在地に土地を購入し拠点を確保
12（1923）年	関東大震災が発生し、『弘道』を2カ月間休刊
昭和 7（1932）年	現在地に「日本弘道会館」が落成
11（1936）年	創立 60 周年を記念して新しく『小学修身参考』を毎月発行することに決定
15（1940）年	『弘道』2月号を「皇紀 2600 年記念号」として発行

昭和21（1946）年	会誌『弘道』はGHQの検閲を受けたが、穏健中正の内容であるとして続刊が認められる
46（1971）年	酒井忠正会長の死去に伴い、野口明氏が第7代会長に就任
60（1985）年	現在地に鉄筋コンクリート8階建ての「日本弘道会ビル」が竣工
61（1986）年	鈴木勲、第9代会長に就任
平成8（1996）年	「創立120周年記念式典」を挙行。『日本弘道会110年史』を刊行
11（1999）年	明治25年創刊の会誌『弘道』は、1000号に達する
16（2004）年	増補・改訂　西村茂樹全集（全12巻）の第1巻を刊行
18（2006）年	創立130周年記念行事を実施
23（2011）年	公益社団法人日本弘道会発足
25（2013）年	増補・改訂　西村茂樹全集（全12巻）完結
27（2015）年	『近代日本における修身教育の歴史的研究ー戦後の道徳教育までを視野に入れてー』を刊行

「弘道シンポジウム」の開催状況
（平成10年から毎年開催）

第1回	心の教育を考える	西澤潤一・元東北大学学長
第2回	再び心の教育を考える	三浦朱門・元文化庁長官
第3回	日本人の忘れたもの	渡部昇一・上智大学教授
第4回	家庭の訓育を考える	曽野綾子・日本財団会長
第5回	期待される日本人像	小堀桂一郎・東京大学名誉教授
第6回	父性と母性を考える	林道義・東京女子大学教授
第7回	公と私について	藤原正彦・お茶の水女子大学教授
第8回	新しい社会ルールを求めて	中條高徳・アサヒビール名誉顧問
第9回	日本弘道会創立130周年記念行事	
第10回	今なぜ「親学」か	髙橋史朗・明星大学教授
第11回	日本文化の源流を求めて	山折哲雄・国際日本文化研究センター名誉教授
第12回	日本人の国家意識	小田村四郎・日本会議副会長
第13回	道徳教育の危機	渡部昇一・上智大学名誉教授
第14回	大震災と日本のかたち	小堀桂一郎・東京大学名誉教授
第15回	絆社会と日本人	長谷川三千子・埼玉大学名誉教授
第16回	道徳教育の振興	渡部昇一・上智大学名誉教授
第17回	美しく老いるために	同
第18回	今、家族の何が問題か	梶田叡一・奈良学園大学学長
第19回	グローバル化時代にどう向き合うか	渡辺利夫・拓殖大学前総長

西村茂樹（にしむら・しげき）

文政 11(1828) 年 3 月 13 日生まれ。明治5（1902）年 8 月 18 日没。
思想家、教育家。名は鼎、字は重器、号は泊翁。佐野藩士、西村芝郁の子。儒学を安井息軒、大槻磐渓に、洋学を佐久間象山、木村軍太郎らに学んだ。安政 1 (1854) 年、佐野藩年寄役、さらに慶応 4 (68) 年に佐倉藩年寄役となって、藩政改革を行なった。明治 4 (71) 年、印旛県権参事となったが翌年辞し、深川に家塾を開いた。1873 年西周、福沢諭吉、森有礼らの「明六社」に参加。同年、文部省に勤務し、教科書の編纂、『古事類苑』の編集にあたった。76 年東京修身学社を設立、87 年日本弘道会と改称した。84 年から宮内省勤務となり、侍講として洋書を進講した。宮中顧問官、華族女学校校長を歴任、90 年貴族院議員に勅選。『日本道徳論』(87) を著わし、国民道徳の確立を唱え、その普及に努めた。その他の著書に『国家道徳論』『自識録』『婦女鑑』『万国史略』がある。

鈴木勲（すずき・いさお）の略歴

大正 14（1925）年	宮城県に生まれる
昭和 17（1942）年	樺太庁大泊中学校卒業
20（1945）年	陸軍予科士官学校入学、陸軍航空士官学校へ
25（1950）年	旧制第二高等学校卒業
28（1953）年	東京大学法学部卒業、文部省入省
34（1959）年	島根県教育委員会学事課長
42（1967）年	千葉県教育委員会教育長
46（1971）年	文部省初等中等教育局地方課長
55（1980）年	文部省大臣官房長
57（1982）年	文部省初等中等教育局長
58（1983）年	文化庁長官
61（1986）年	日本弘道会会長に就任、今日に至る
平成元（1989）年	日本育英会理事長
13（2001）年	勲二等旭日重光章受章

著者略歴
平山　一城（ひらやま・かずしろ）
ジャーナリスト。
１９７５年、北海道大学法学部を卒業し、産経新聞に入社。社会部、経済部、外信部を経て米ワシントンのジョンズ・ホプキンス大大学院（SAIS）に留学、国際関係論の修士を取得。１９９１年の湾岸戦争で中東取材、ソ連崩壊後のモスクワ特派員や論説委員、編集委員を歴任した。著書に『長野県知事・田中康夫がゆく』（扶桑社）『大学の淘汰が始まった！』（宝島社）『都議・立石晴康の「孤高の真実」』（悠光堂）など。

虹 日本弘道会のさらなる発展のために
鈴木勲（第9代会長・元文化庁長官）の「道徳復権」への挑戦

2017年11月1日　初版第一刷発行

著　者　平山 一城
発行人　佐藤 裕介
編集人　冨永 彩花
発行所　株式会社 悠光堂
〒104-0045 東京都中央区築地6-4-5
シティスクエア築地1103
電話：03-6264-0523　FAX：03-6264-0524
http://youkoodoo.co.jp/
デザイン　J.P.C
印刷・製本　株式会社 シナノパブリッシングプレス

ISBN978-4-906873-97-5　C0030